한 번 보고 사람을 아는
관상 · 수상법

한 번 보고 사람을 아는
관상·수상법

우리관상연구회 엮음

브라운 힐
BrownHillPub

　사람의 제일가는 관심 대상은 사람이다. 저 친구는 어떤 사람일까, 무엇을 생각하고 있을까 항상 궁금하다. 그런가 하면 '나'라는 인간은 객관적으로 어떤 사람인가, 다른 사람들은 나를 어떻게 보고 있을까 늘 알고 싶다. 그래서 누군가가 '관상 좀 봐 주겠다.'거나 '내가 손금을 볼 줄 안다.'고 하면 평소에 신봉자가 아니면서도 슬며시 무릎걸음으로 다가앉게 된다.

　사람의 사람에 대한 이런 호기심과 궁금증이 동서양을 막론하고 일찍부터 '사람을 판단하는 방법'에 대해 연구하게 만든 원동력일 것이다. 필적학(筆跡學, 사람이 쓴 글씨를 가지고 그 성격이나 심리를 연구하는 학문)·관상학(觀相學)·골상학(骨相學, 두개골의 형상으로 인간의 성격과 심리적 특성 및 운명 등을 추정하는 학문)·수상학(手相學) 등과 점성술(占星術, 천체 현상을 관찰하여 인간의 운명이나 장래를 점치는 방법) 같은 것이 그 방법론들이다.

　이 책에서 다루는 관상법은 문명이 발생한 시기와 비슷한 때에 생겨났다. 기원전 2천 년 메소포타미아 유적에서는 '어깨에 곱슬곱슬한 털이 난 남자에게는 여자들이 따른다.'는 등의 내용이 적힌 관상학 책이 발견되기도 했다. 그리스·로마 시대에는 생김새를 유형별로 나눠 성격을 해석하는 '분석적 관상'이 등장했다. 동양에서는 인도에서 시작된 관상이 중국에서 크게 발전했고, 한국과 일본에도 전해져 이제는 생활문화로 자리 잡은 느낌이다.

수상법의 발상지는 인도라고 하며, 중국·이집트·그리스 등으로 전파된 것으로 알려진다. 동양과 서양의 수상법은 출발부터 뚜렷한 차이가 있다. 동양에서는 음양오행에 근거하여 수상술을 발전시켰고, 서양에서는 점성술과 자연과학·심리학·해부학 등을 응용하여 수상술을 발전시켰다. 우리나라를 비롯한 중국과 일본에서는 대체로 중국 당나라 때 마의선인(麻衣仙人)이 지은 《마의상서(麻衣相書)》에 따르는 수상법이 유행하는 중이다.

관상은 사람의 이목구비만을 따지는 것이 아니다. 골격, 색깔, 머리카락, 주름살, 점 등 얼굴에 나타나는 모든 것을 본다. 또한 인체에 나타나는 모든 상(相), 즉 자세나 버릇, 목소리와 말투, 걸음걸이에 이르기까지 포함시키는 종합적인 해석인 것이다.

수상 역시 손바닥에 나타나 있는 손금만 보는 것이 아니라 손의 형상이나 두텁고 엷은 정도, 손가락과 손톱 등의 생김새, 색깔 등을 전체적으로 보고 해석을 내리게 된다.

관상법이나 수상법에 대해 우리는 어떠한 판단을 내려야 하는가. 세상에서는 '관상법·수상법은 과학'이라는 주장과 '관상법·수상법은 근거 없는 미신'이라는 주장이 맞서고 있다.

둘 다 한쪽으로 너무 치우친 느낌이다. 관상법이나 수상법은 오랜 세월 축적된 사례와 경험을 통해 추려내고 집약한, 이를테면 일종의 '통계 결과론'이다. 즉 틀릴 확률보다는 맞을 확률이 더 높은 견해(見解) 내지 미완성의 가설(假說) 정도로 보면 무방하지 않을까.

링컨 대통령의 일화 하나를 소개한다. 하루는 링컨의 측근이 자신의 친지를 장관으로 추천했다. 링컨은 면접 후 측근에게 "얼굴이 마음에 들지 않는다."고 말했다. 측근이 "타고난 얼굴은 부모 책임일 뿐, 본인의 책임이 아니지 않느냐?"고 반박하자 링컨이 대답했다. "남자가 마흔이 넘으면 자기 얼굴에 책임을 져야 한다."

마흔쯤 되면 그간 어떻게 살아왔는지 얼굴에 나타나기 때문에 더 이상 부모에게서 받은 얼굴이라고 우겨서는 곤란하다는 뜻이다. 이 말에는 관상법의 결론이 담겨 있다. 그 사람이 살아온 발자취가 얼굴에 고스란히 반영된다는 의미다. 즉 매일 매시간 인생을 살아가며 마음을 바꾸고 행동을 바꾸면 얼굴이 바뀌고, 바뀐 얼굴은 다시 인생을 바꾸게 된다. 이렇듯 뫼비우스의 띠처럼 이어지는 인생철학이 바로 관상법일 것이다.

앞에서 언급한 마의선인도 '관상불여심상(觀相不如心相) 심상불여덕상(心相不如德相)'이라고 했다. 관상(觀相)은 심상(心相)만 못하고, 심상은 덕상(德相)만 못하다는 소리다.

이 책이 자기 자신을 판단하여 장점은 살리고 결점은 보완함으로써 보다 완성된 자아(自我)를 가꾸는 동시에 건강하고 행복한 삶을 개척해나가는 데 작으나마 도움이 되기를 바란다.

2021년 12월
엮은이

차 례

1부 · 얼굴로 보는 관상법

2부 · 몸으로 보는 관상법

3부 · 수상법

1부

얼굴로 보는 관상법

1. 얼굴형·이마·눈썹

1) 웃는 상, 우는 상

웃는 상과 우는 상은 얼굴 인상의 기본

웃을 때는 웃는 상이 되고 울 때는 우는 상이 된다. 아주 당연한 말이다. 하지만 여기서 말하는 웃는 상과 우는 상이란 그와 같은 경우의 얼굴을 말하는 게 아니다.

평소 아무렇지도 않은 표정을 짓고 있어도 어딘지 기쁜 것 같고 금세 미소 짓거나 웃음을 터뜨릴 것같이 보이는 얼굴 생김새를 한 사람이 있는 반면에, 언제나 미간이나 이마를 찌푸리고 마치 고통을 참고 있는 것같이 보이는 얼굴 생김새를 한 사람이 있다. 사람 보는 법에서는 전자를 '웃는 상', 후자를 '우는 상'이라고 부른다. 인간의 얼굴 생김새를 이 두 가지로 분류하고 관찰하는 것만으로도 기본적인 관상을 알 수 있다.

웃는 얼굴은 자신뿐만 아니라 주변에도 행운을 준다

은행 창구에는 인상이 좋은 은행원이 앉아 있다. 그들의 얼굴이 여기서 말하는 웃는 상이다. 은행에서는 그들이 입사하면 곧 우는 상이나 무표정의 얼굴 생김새를 웃는 상으로 바꾸는 훈련을 한다. 가만히 앉아 있어도 상냥한 표정을 잃지 않는 얼굴로 개조하는 셈이다. 아무리 훈련해도 변하지 않는 직원은 서무나 회계 등의 부서로 배속하고 창구에는 앉히지 않는다. 백화점의 점원일 경우도 마찬가지다.

"웃으면 복이 온다."라는 옛말이 있듯이 웃는 상의 사람은 운이 좋다. 은행의 창구에 웃는 상의 직원을 앉히고 있는 이유 중의 하나도 웃는 얼굴에 따르는 행운에 편승하려고 하는 사람들이 많기 때문이다.

울상을 웃는 상으로 바꾸려면 거울을 자주 봐라

웃는 상의 사람은 많은 사람을 주위에 끌어들이고 인생을 즐기면서 남의 도움을 받아 발전하지만 우는 상의 사람은 대체로 고독하고 역경을 당하기 쉽다. 우는 상의 사람이 성공하는 것은 보통 이상의 높은 지성이나 재능에 의한 것일 경우가 많다.

그러나 우는 상으로 태어났다고 해서 비관할 필요는 없다. 앞에서 말한 바와 같이 은행에 근무하는 직원들의 웃는 상은 훈련에 의해 만들어진 것이다. 우는 상을 웃는 상으로 바꾸는 것이 절대로 불가능한 것은 아니다. 거울 앞에서 잔뜩 찌푸린 얼굴을 펴고 근육을 움직이는 연습을 계속하면 며칠 안 가서 웃는 상이 된다. 그리고 운도 동시에 좋은 쪽으로 움직이기 시작한다. 실행에 옮겨 보면 깜짝 놀랄 것이다.

웃는 상과 우는 상, 이것은 단순한 분류이기는 하지만 여기에 담겨져 있는 운명의 의미가 매우 깊다는 것을 잊어서는 안 된다.

2) 얼굴형

얼굴이 넓은 사람은 대담하고 행동적이다

넓은 얼굴의 사람은 좁은 얼굴의 사람에 비하여 대담하고 적극적인 성격을 지니고 있다. 리더십이 뛰어난 타입으로, 정치가나 실업가에게서 흔히 볼 수 있는 얼굴이다. 옛날로 말하자면 고관 중에는 이와 같은 얼굴을 한 사람이 많지 않았으며 얼굴이 긴 사람이 많았다. 그런데 고관의 세력을 능가한 무사나 상인의 얼굴은 대개가 이런 형이었다. 행동적인 형이다. 영화나 텔레비전에 나오는 악역을 보면 지성적인 악역의 얼굴은 갸름하지만 깡패 두목이나 악덕상인의 역은 얼굴이 넓은 배우가 맡고 있다.

얼굴이 넓은 사람은 체격이 뛰어나고 튼튼하기 때문에 매우 활동적이다. 그와 동시에 남도 다 자기와 똑같이 활동할 수 있는 것으로 생각하기 때문에 부하에게도 무리한 요구를 하는 경우가 많은데, 그것은 무자비해서 그런 것이 아니라 자신의 능력을 기준으로 생각하고 있기 때문이다.

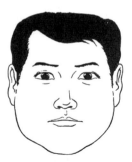

폭이 넓은 얼굴

얼굴이 좁은 사람은 세심하고 견실하다

얼굴이 좁은 사람은 대체로 소심하거나 세심하다. 얼굴이 넓은 사람에 비하면 훨씬 섬세한 성격을 지니고 있으며 지성적이다. 이런 타입의 사람은 어떤 큰 목표를 세우면 좋다. 그 목표를 향해서 전력을 다할 때는 충분히 강해진다. 그러나 스스로 생각해낸 아이디어를 혼자서만 믿고 추진하는 타입은 아니다. 누군가 조언해 주는 사람을 필요로 하며 그 사람의 받침에 의해 자신감을 더하는 경우가 많다.

남을 위한 동정심이 있으며, 자부심이 강해서 괴로워도 우는 소리를 하지 않는다.

책략을 꾀하는 일도 얼굴이 넓은 사람보다 능숙하다. 얼굴이 넓은 사람은 상대방의 마음을 알아차려도 모르는 척하고 강한 태도로 나오기도 하지만 얼굴이 좁은 사람은 상대방의 기분이나 감정을 무시하지 않는다. 사려 깊고 견실하게 살아가기 때문에 실패가 적은 인생을 보내는 타입이다.

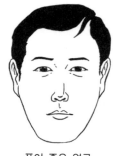

폭이 좁은 얼굴

사각형 얼굴은 독재적이고 투쟁적이다

사각형 얼굴이란 턱뼈가 나오고 보기에 사나우며 단단한 느낌을 주는 얼굴이다. 둥글지 않다는 점에서 넓은 얼굴과 구별된다.

이런 타입의 사람은 대체로 독선적이어서, 기업이나 가정에서 독재적으로 행동할 때가 많다. 얼굴이 넓은 사람의 성격보다 더욱 강인하게 발전한 성격으로 생각하면 된다. 무서우면서도 믿음직스럽게 느껴지는 타입이다.

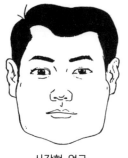

사각형 얼굴

둥근 얼굴은 원만하고 소시민적이다

갓난아기가 그대로 어른이 된 것 같은 둥근 얼굴의 사람은
남과 다투는 것을 싫어하고 부지런하
다. 자기에게 주어진 분야의 일을 꾸준
히 해 나가는 성격의 사람이다.

큰 성공은 없지만 큰 실패도 하지 않
는다. 만사에 있어서 무난한 사람이라
고 할 수 있다.

둥근 얼굴

3) 얼굴의 좌우 상

**얼굴의 반쪽은 선천, 나머지 반쪽
은 후천을 나타낸다**

남성의 얼굴에서는 좌측 반면에 선천
운(타고난 운과 아버지 쪽 조상의 유전)이
나타나고, 우측 반면에 후천운(손수 개
척하는 운과 어머니 쪽 조상의 유전)이 나타
난다.

여성의 경우는 남성과 반대라고 보면
된다. 즉 좌측에 후천운, 우측에 선천
운이 나타난다.

예를 들어 남성의 좌측 반면에 특별
히 금전운(金錢運)이 보이면 "선천운이

선천운
남성은 좌측, 여성은 우측

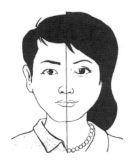

후천운
남성은 우측, 여성은 좌측

니 아버지 쪽 조상의 유산을 받을 사람이구나." 하고 판단하게
되고, 우측 반면에 금전운이 보이면 "스스로 노력해서 재산을
얻을 사람이구나." 하고 판단하게 된다.

여성의 경우는 좌우를 반대로 해서 마찬가지로 판단한다.

좌우가 극단으로 다른 얼굴은 나쁜 상

사람의 얼굴은 좌우 대칭(對稱)으로 되어 있는 것처럼 보이지만
실제로는 얼마간 불균형으로 되어 있다.

그러나 좌우의 눈썹과 눈의 크기가 현저히 다른 것처럼 극단으
로 좌우가 다른 얼굴은 나쁜 상이다.

얼굴의 좌우가 극단으로 다른 사람은 부모의 성격이나 체질이
잘 융합되지 않은 상태에서 임신이 되어 출생했기 때문이라고
생각된다. 이와 같은 사람은 이중인격자이거나 주위 사람들에게
는 이해되지 않는 인물이기도 하다. 어떻든 바람직한 상이라고는
할 수 없다.

안면신경마비에 걸렸을 때 치료가 불완전하게 되면 눈이나 코
가 한쪽으로 굽은 채 좌우가 불균형인
얼굴이 되고 만다. 이럴 경우의 불균형
은 후천적인 것이지만 이것 역시 이후의
운명에 많은 영향을 끼치게 된다. 비논
리적이라고 생각하는 사람이 있을지도
모르지만, 운명이란 그와 같이 작용하
는 것이다.

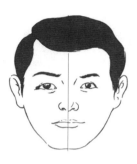
얼굴의 좌우가 다른 상
(좌우의 눈썹과 눈의 크기)

4) 얼굴의 3분법

여기서의 판단법은 오른쪽 그림과 같이 얼굴을 상·중·하의 '삼정(三停)', 즉 상정과 중정과 하정으로 분할해서 살펴보고, 그 중 이마 부분인 상정(上停)만은 다시 상·중·하의 세 부분으로 나누어서 각 부분을 비교하며 살펴보는 것이다.

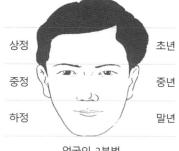

상정   초년

중정   중년

하정   말년

얼굴의 3분법

상정은 타고난 숙명을 나타낸다

이마인 상정이 시원스럽고 혈색이 좋으며, 울퉁불퉁하지 않고 상처나 얼룩 같은 것이 없는 것은 좋은 상이다. 이마의 주름살도 곱게 새겨져 있으면 더욱 좋다. 그와 같은 사람은 유년기와 소년기가 행복했음을 나타낸다. 부모의 은혜를 충분히 받고 태평하게 성장한 사람이다. 또 상정이 고운 사람은 두뇌도 좋다.

상정에 얼룩이나 상처가 있고 울퉁불퉁한 사람은 유년기와 소년기에 부모 사이가 나빴거나 가난 때문에 부모가 일하는 데만 힘쓴 나머지 많은 보살핌을 받지 못했음을 나타낸다.

오른쪽 그림처럼 상정을 다시 셋으로 분할해서 보기로 한다.

상정의 상부(上部)가 고운 사람은 선

상
중
하

상정의 3분법

악을 민감하게 판단하고 반성심이 강하며 추리 능력이나 창조 능력이 풍부한 사람이다. 한편 여기에 상처 같은 것이 있는 사람은 위에서 설명한 능력이 모자라거나 반대로 흉상이 되는 경우도 있다.

상정의 중부(中部)가 고운 사람은 지식이나 상식이 풍부하고 기억력과 판단력이 뛰어나다. 한편 여기에 상처 같은 것이 있는 사람은 그 반대의 상황을 가리키고 있다.

상정의 하부(下部)가 고운 사람은 직감력·관찰력·실행력이 풍부하다. 한편 여기에 상처 같은 것이 있는 사람은 이러한 능력이 상실되었음을 나타낸다.

중정은 사회적 운을 나타낸다

중정은 눈, 코, 귀를 포함한 부분이다. 여기서는 중년운(中年運)을 본다.

중년운이란 일생의 운을 셋으로 나눈 것 중 중간 부분의 운으로 사회에 진출한 이후의 운명을 말한다. 따라서 소위 중년기의 운이라기보다는 사회인으로서의 운이라고 생각하면 된다.

중정이 좋은 사람은 사회인으로서 유능하며 재산도 모으고 이성으로부터 사랑도 받는다. 이에 비해 중정이 좋지 않은 사람은 사회에서의 운도 좋지 않다.

코의 길이는 얼굴의 3분의 1을 표준으로 보는데, 그보다 짧은 사람은 일을 얕고 널리 행하는 경향이 있다. 긴 코의 사람은 반대로 좁고 깊이 일을 벌이는 경향이 있다.

하정은 50세 이후의 만년운을 나타낸다

하정은 입을 포함한 턱의 부분이다. 여기서는 만년운을 본다. '만년'이라고 하면 70대 이후처럼 여겨지지만 관상학에서는 대체로 50세 이후의 기간으로 생각한다.

하정의 상이 좋은 사람은 50대가 되면 사회적으로도 안정된 지위를 유지하고 금전 문제에도 제약을 받지 않는 환경에서 여생을 보내게 된다.

한편, 하정의 상이 나쁜 사람은 일찍 사망하거나 가족운이 좋지 않다.

아래의 그림은 상정도 중정도 나쁘지 않지만 하정에서는 살집이 좋지 않고 상처 같은 것이 있는 상이다. 이와 같은 사람은 생장(生長)이 좋고 사회에 나가서도 순조로이 발전하지만 50세 이후는 불운을 맞는 상이다. 그러나 중년운은 좋은 편이니 50세까지 재산을 축적하고 남을 위하는 일을 게을리 하지 않아야 한다.

상정 · 중정 · 하정은 서로 관련되어 있다. 삼정이 전부 좋으면 더 말할 나위 없지만 한 곳이라도 좋지 않은 부분이 있는 사람은 일찍부터 장래의 불운에 대비하여 노력할 필요가 있다.

그리고 이밖에 얼굴을 8등분해서 판단하는 방법도 있지만 너무 세밀하게 나누면 도리어 번잡해지므로 이 3분법을 잘 연구하는 것만으로도 충분할 것이다.

흉터
여윈 턱

하정이 나쁜 얼굴

5) 이마

이마는 얼굴의 최상부에 있으며 눈에 제일 잘 띄는 부분이다. 관상학적으로 이마는 그 사람의 초년운을 가리키는 것 외에 그 사람의 두뇌나 정신을 나타낸다. 이 부분이 상처를 입거나 하면 운명에 차질이 생긴다. 두뇌가 손상된 것으로 볼 수 있기 때문에 당연하다고 하겠다.

이마가 넓은 사람은 머리가 좋다?

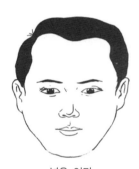

"저 사람의 이마는 넓으니 머리가 좋겠군." 하는 소리를 흔히 듣지만 반드시 그렇다고 할 수는 없다. 넓은 이마가 혈색도 좋고 고운 경우라면 맞는 말이지만, 울퉁불퉁하거나 상처가 있거나 얼룩 같은 것으로 더럽혀진 느낌을 주는 이마의 경우는 뛰어난 두뇌를 가진 사람이라고 할 수 없다.

넓은 이마

이마가 좁은 사람은 지능이 낮다?

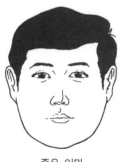

극단적으로 이마가 좁은 사람도 있지만 이마가 좁다는 것이 꼭 지능이 낮은 것을 가리키지는 않는다. 세상의 정치가 중에는 좁은 이마를 갖고 있지만 정계에서는 1급의 책사(策士)로서 그 지력(知力)을 높이 평가받고 있는 사람이

좁은 이마

있다.

이 경우도 이마가 깨끗한가의 여부는 큰 의미를 갖는다.

이마가 M자형인 사람은 독창력이 뛰어나다.

이마의 양측이 깊이 파여서 M자형으로 되어 있는 사람은 사물에 대한 연구심이 강하고 창조력이 뛰어나다.

따라서 그 재능을 발휘하면 연구나 예술의 세계에서 성공을 거둘 수 있다. 학문·미술·음악·문학·공예·디자인·기획 입안·설계 등이 이런 타입의 사람이 활약할 수 있는 분야다.

음악가 슈베르트의 이마는 전형적인 M자형으로 되어 있다.

그러나 M자형의 이마가 좁은 사람은 단순한 호인에 지나지 않는다고 판단된다.

M자형 이마

각진 이마의 사람은 실무 능력이 뛰어나다

각진 이마란 이마의 털이 난 언저리가 수평으로 되어 있고 전체적으로 네모난 느낌을 주는 남성형의 이마이다.

각진 이마의 사람은 실무가라고 할 수 있다. 견실한 생활을 하는 한편, 화려한 멋이 없는 면이 있다. 그러나 30대 이후에는 실력을 인정받고 운이 열리는 사람이다.

각진 이마

여성형 이마의 사람은 온순하지만 의지가 약하다

각진 이마와는 대조적인 이마를 여성형의 이마라고 한다.

이런 타입의 사람은 성격이 온화하고 양순하며 남에 대한 동정심도 많다.

여성은 남편을 잘 섬기며 가정적이다. 그러나 남성의 경우는 성격이 여성적이고 의지가 약하며 실행력이 부족하다.

이런 타입으로 이마의 털이 난 언저리가 어지러운 사람은 천성적으로 게으르고 지성이 없다.

둥근 이마의 여성은 남편복이 없다

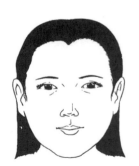

여성형 이마

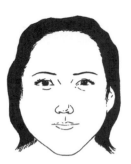

둥근 이마

이마의 털이 난 언저리가 아치형으로 되어 있는 둥그런 모양을 한 이마는 여성형의 상으로, 다른 말로 '여액(女額)'이라고도 한다.

둥근 이마의 남성은 인품이 선량하고 온화하다.

그러나 둥근 이마의 여성은 남편복이 없고 결혼해도 남편과 이혼하지 않으면 사별하게 되거나, 또는 남편이 게으름뱅이거나 해서 생계를 위해 일하게 된다. 재혼·삼혼을 해도 마찬가지로 남편복이 트이지 않는 운명을 맞게 될 확률이 높다.

흩어진 이마의 사람은 도덕심이 부족하다

이마의 털이 난 언저리가 어지러운 이마를 흩어진 이마라고 한다. 흩어진 이마의 사람은 도덕심이 부족하며, 말을 잘 한다. 그리고 회사에서는 상사에게 반항하는 경향도 있다.

인생에 파란이 그칠 날이 없이 많은 고생을 하는 상이다. 여성의 경우는 남편과의 인연이 틀어지거나 과부가 되기 쉽다.

그러나 흩어진 이마라도 헤어스타일에 따라서는 구별할 수 없는 경우가 많다.

튀어나온 이마의 사람 중 바보는 없다

튀어나온 이마란 둥글게 툭 튀어 나온 이마를 말한다.

"튀어 나온 이마에 바보 없다."는 말이 있듯이 이런 이마를 가진 사람은 사교성이 많고 남과 협조하는 성격을 가지고 있다.

이런 타입의 이마는 여성 사업가에게서 많이 볼 수 있다. 남녀 공통으로 사람을 만나는 직업, 손님을 접대하는 영업 같은 분야에서 인기를 끌게 되는 타입이다.

다만 이마에 상처가 있거나 깨끗하지 않고 지저분한 빛깔을 띠고 있을 경우는 인기도 없어지게 된다.

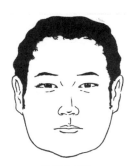

흩어진 이마

튀어나온 이마

발달한 이마와 후퇴한 턱은 지성을 나타낸다

이마가 발달해 있는 것과 동시에 턱이 후퇴한 사람은 두뇌는 뛰어나지만 활동력이 부족한 타입이다.

학자나 예술가 등의 문화인에게 이와 같은 사람이 많다. 또 인종별로 보면 백색 인종에 많이 나타나는 상이다.

후퇴한 이마와 발달된 턱은 야성을 나타낸다

이마가 후퇴해 있는 것과 동시에 발달한 사람은 야성적 · 행동적이기는 하지만 지성적은 아니다. 그렇다고 해서 지능이나 지식이 부족한 것은 아니다. 단지 행동이 거칠고 비천하기 때문에 세련되지 못한 인상을 주는 것이다.

이런 타입의 사람은 사업가나 엔지니어 · 정치가 · 군인 등의 직업군에서 많이 볼 수 있다.

발달한 이마, 후퇴한 턱

후퇴한 이마, 발달된 턱

이마에 흉터가 있는 사람은 운이 빗겨 나간다

이마에 흉터가 있는 것은 좋지 않다. 그리고 상처의 위치가 이마 중앙에 가까우면 가까울수록 흉상의 정도는 더욱 높아진다. 더욱이 미간에 있는 상처는 그 사람의 일생을 그르치게 한다.

관상학을 떠나서 생각해도 이마의 중앙에 커다란 칼자국이 있는 사람은 면접시험에서 '깡패 출신인가?' 하는 의심을 받기 쉽다. 그 상처가 예컨대 강도와 싸워서 얻은 것이라 해도 회사로서는 고객이나 거래처에 주는 인상을 고려해서 채용을 보류할 수 있는 것이다.

옛날부터 이마의 상처를 흉상으로 판정하고 있는 것은 인간의 심리를 통찰하는 것으로, 절대로 근거가 없는 것은 아니다.

이마의 점은 위치에 따라서 행운을 부른다

점은 상처와 달라 대개 좋은 상을 가리킬 적이 많다. 다만, 여성으로서 이마의 세로 중앙선상에 점이 있는 사람은 사회에 나가 일을 하면서 일가(一家)의 가장이 되는 팔자이며, 남편복은 그다지 좋지 않다.

어두운 빛깔의 이마는 때를 기다려라

사람의 이마는 상쾌한 모양의 색조를 띠고 있는 것이 좋다. 연기에 그을린 것 같은 어두운 빛깔의 이마는 악상이다. 유쾌한 기분이 되지 못하고 사회적으로도 불우하게 된다.

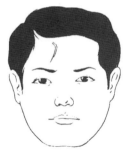

흉터가 있는 이마

얼굴빛이 어두울 때는 무엇을 해도 잘 되지 않는다. 서둘지 말고 빛깔이 좋아질 때까지 기다리는 편이 현명하다. 별로 운이 열리는 것 같지 않은데도 이마의 빛깔이 좋아지기 시작하면 곧바로 일이 풀리기 시작한다. '운이 좋아졌기

어두운 빛깔의 이마

때문에 기분이 일변했고, 그래서 이마의 빛깔이 좋아지는' 것이 아니라 운이 열릴 때는 그 전조(前兆)로서 먼저 이마의 빛깔이 좋아지는 것이다.

여기서 말하는 '운이 열린다.'는 말은 수입의 증대, 승진, 좋은 인연, 신망을 얻는 것 등을 가리킨다.

이마가 그을린 것 같은 빛깔을 띤 사람으로부터는 그럴듯한 이야기를 들어도 뿌리쳐야 한다. 그대로 따르면 위험하다.

6) 눈썹

눈썹의 5분법

아래의 그림처럼 눈썹을 5등분하여 미간 쪽에서부터 차례로 운(運)·명(命)·복(福)·춘(春)·주(住)로서(각각의 의미는 그림 설명 참조) 일생의 운을 보는 방법이다. 눈썹이 시원스러우면서도 고우면 다섯 가지가 모두 좋지만, 예를 들어 명(命)의 부분에 상처가 있을 때는 그 사람에게 사고나 병 같은 이상이 생기는 것을 가리킨다. 다만 눈썹 속의 큰 점은 총명함을 나타낸다.

운(運)의 부분에 상처가 있을 때는 남과 협조하지 못하고 반항

운(運) : 타고난 운과 감정을 나타냄
명(命) : 수명을 나타냄
복(福) : 금전운을 나타냄
춘(春) : 가족, 친척과의 관계를 나타냄
주(住) : 주거운을 나타냄

하거나 다투게 된다. 복(福)의 부분에 상처가 있으면 경제적으로 불운하다. 춘(春)의 부분에 상처가 있을 때는 육친과의 인연이 희박하고 고독하게 된다. 그리고 주(住)에 상처가 있는 사람은 자칫하면 주거가 일정하지 않아 일생을 그 일로 고생하게 되는 것이다.

그리고 좌우의 눈썹에는 다음과 같은 의미가 있다.

<남성> 좌미(左尾) : 공사(公事), 남(男), 부(父), 형(兄), 제(弟)
　　　　 우미(右尾) : 사사(私事), 여(女), 모(母), 자(姉), 매(妹)
<여성> 좌미(左尾) : 사사(私事), 여(女), 모(母), 자(姉), 매(妹)
　　　　 우미(右尾) : 공사(公事), 남(男), 부(父), 형(兄), 제(弟)

눈썹이 긴 사람은 부모복이 많다

눈썹이 긴 사람은 대체로 부모형제의 은혜를 받고서 자라는 경우가 많다. 육친의 애정을 받을 수 있는 사람이다. 그러나 그 때문에 남에게 의지하는 성격이 형성되고 독립심을 잃게 된다.

여성으로 눈썹이 긴 사람은 자칫하면 자기 친정을 내세우거나 남편의 사회적인 지위를 남에게 자랑해서 따돌림을 당할 우려가 있다.

긴 눈썹

눈썹이 짧은 사람은 부모복이 없다

눈썹이 짧은 사람은 부모나 형제의 인연이 기박(奇薄)하거나 혹은 가정이 빈한해서 부모의 은혜를 충분히 받지

짧은 눈썹

못하는 경우가 많다.

따라서 취직이나 결혼 등 인생의 중대사를 모두 자력으로 해결해 가지 않으면 안 된다. 그러나 그로 인해 독립심이나 극기심은 크게 향상된다.

눈썹이 짙은 사람은 대를 잇는 경우가 많다

눈썹이 짙은 사람은 양자이거나 외아들의 입장에서 부모의 시중을 들거나, 사원(寺院)이나 예술단체의 가통을 잇거나 집안의 대를 잇는 경우가 많다.

그늘진 데가 없는 성격으로 정정당당하다. 또 정력이 왕성해서 이성과의 사이에 문제를 일으키기 쉽다.

문필(文筆) 방면에 재능이 있는 사람이기도 하다.

눈썹이 옅은 사람은 말재주가 있다

살갗이 들여다보일 정도로 눈썹이 옅은 사람은 말재주가 있으므로 교묘하게 여성의 마음을 사로잡지만 결국에는 실패하고 만다. 육친의 인연은 기박한 사람이다.

짙은 눈썹

문필의 재능은 없지만 아첨해서 마음에 들게 하려고 애쓰는 것은 잘한다. 정면에서 맞대응하지 않고 숨어서 책략을 세우는 사람이 많다.

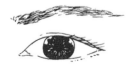

옅은 눈썹

좌우의 눈썹 높이가 다른 사람은 자기중심적이다

오른쪽과 왼쪽의 눈썹 높이가 다른 사람은 자기중심적으로 행동하기 때문에 운이 열리지 않거나 혹은 일찍 부모를 여의게 되는 경우가 많다.

일자형 눈썹인 사람은 마음도 직선적이다

눈썹이 일자형이면 마음도 마찬가지로 주위에 대한 배려가 없고 외곬수이다. 따라서 일을 처리하거나 이성을 대할 때도 자상하지 못하다.

남성은 그래도 무방하지만 여성으로서 이러한 타입의 사람은 여자다운 점이 없다. 논리적으로 따져 남편을 꼼짝 못하게 하고 이웃 사람들을 압도하는 등 매몰찬 성격이다.

'곧기는 하지만 덕이 부족한' 대표적인 타입이라고 하겠다.

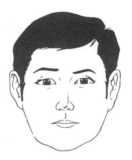

좌우 높이가 다른 눈썹

일자형 눈썹

눈썹이 초승달 모양인 사람은 정서적이다

눈썹이 초승달 모양인 사람은 섬세하고 정서가 풍부한 성격이지만 남의 말에 쉽게 넘어가 실패할 확률이 높다. 인품은 좋지만 일에 소극적이고 실행력이 없는 사람이기 쉽다.

초승달 모양의 눈썹

감수성이 풍부하므로 예술 방면 같은 데서 성공하는 사람이 나타난다. 남성으로서 초승달 눈썹의 사람은 여성적이며 부모나 아내에게 의존하는 경향이 강하다.

팔자형 눈썹인 사람은 빈틈이 없다

팔자형 눈썹인 사람은 얼핏 보기에 모자라는 것같이 보이지만 사실은 빈틈이 없고 실수 없는 사람이다. 성격은 명랑하고 유연하며 사람들과 잘 어울리고 협조심이 많다.

사업가나 정치가에게 이런 눈썹의 사람이 많으며, 나름대로 성공을 거두고 있는 사람이 많다.

약간 낭비성이 있기는 하지만 생활에는 구애를 받지 않는다. 이런 타입의 배우자는 빈틈이 없고 꼼꼼한 사람이 적합하다. 여성으로서 이런 눈썹의 사람은 초혼에 실패하는 경향이 있다.

팔자형 눈썹

삼각형 눈썹인 사람은 활동적이다

삼각형 눈썹인 사람은 터프하다. 성격은 남성적이고 의지가 강하며 지칠 줄 모른다.

남에게 의지하지 않고 독립심이 강해 일과 정면 대결하는 사람인데 자부심도 강하다. 어려움을 몸으로 부딪쳐서 극복하는 정열이 있으며 인내력도 강하

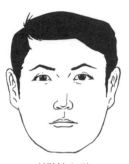

삼각형 눈썹

다. 이런 눈썹의 사람은 미술가 중에서 흔히 볼 수 있다.

그리고 삼각형 눈썹 중에서도 특히 '△'형인 눈썹의 사람은 예술뿐만 아니라 어떤 한 가지 기술에 능한 경향이 있다.

용두호미형 눈썹인 사람은 존대를 받는다

용과 같은 곡선을 그리며 튀어 오른 용두호미형(龍頭虎尾型) 눈썹의 사람은 무장(武將)이나 독재자, 장군 등의 절대적인 권력자에게서 보일 때가 많다. 이런 눈썹의 소유자는 사람들의 존대를 받게 된다. 드물게 볼 수 있는 훌륭한 눈썹이지만 남에게 위압적인 인상을 주기 때문에 세일즈맨이나 점원 등 손님을 상대로 하는 직업에는 적합하지 않다고 할 수 있다.

여성으로서 이와 같은 형의 눈썹을 한 사람은 남성보다 상위에 서려고 하며, 만사에 말참견을 잘하기 때문에 현모양처와는 거리가 있다고 하겠다.

무장형 눈썹인 사람은 자기주장이 강하다

직선적으로 튀어 오른 남성형의 늠름한 무장형(武將型) 눈썹을 가진 사람은 자기가 옳다고 마음먹은 것은 주위에서 아무리 반대를 해도 굽히지 않는다. 그런 억지스러운 성격 때문에 남과의 협조가 잘 이루어지지 않고, 오히려 인간관계에서 분쟁을 일으키기 쉽다. 감정이

용두호미형 눈썹

무장형 눈썹

격하게 움직이므로 능력은 있지만 여러 사람들로부터 신망을 얻지 못하는 것이 결점이다.

　여성으로서 이와 같은 형의 눈썹을 한 사람은 남편과의 다툼이 끊이지 않고, 여성끼리의 교제에 있어서도 문제를 일으키기 쉽다.

역모의 눈썹인 사람은 운을 놓치기 쉽다

　눈썹의 일부가 반대 방향으로 나 있고 까칠한 느낌을 주는 역모(逆毛)의 눈썹인 사람은 그다지 고분고분한 성격이 아니다. 눈앞의 사소한 일에 구애를 받고 쉽게 감정적이 되기 때문에 더 중요한 일을 잃거나 망칠 우려가 있다. 자칫하면 손위의 사람과 대립하고 모처럼의 운을 놓치기 쉬운 상이다.

역모의 눈썹

넓은 미간

미간이 넓은 사람은 일찍 성공한다

　양 눈썹 사이가 손가락 두 개가 들어갈 정도의 넓이거나 그 이상 벌어져 있는 사람은 젊어서 성공한다. 낙천적인 성격으로 남과의 교제에 능숙하고 인기 있는 사람이 많다.

　사람은 괴로울 때면 눈썹과 눈썹을 모으지만 기쁘거나 편안하면 '수미(愁眉)를 편다.'고 해서 눈썹과 눈썹 사이를 넓게 펴게 된다. 따라서 미간이 넓은 사람은 항상 '수미를 펴고' 있는 셈이다. 게다가 미간이 시원하면 더 말할 나위가 없다. 다만 여성의 경우에는 낭비 경향이 있다.

미간이 좁은 사람은 늦게 성공한다

눈썹과 눈썹 사이가 좁은 타입은 눈썹이 빽빽하게 나 있는 사람 중에서 흔히 볼 수 있다.

미간이 좁은 사람은 행운의 기회를 자주 놓치게 되는데, 40세 이후에는 마침내 운이 돌아온다. 성공이 늦는 상이다.

웃을 때에 눈썹이 올라가는 사람은 마음이 좋다

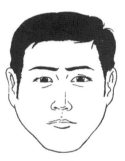

말을 할 때나 웃을 때에 눈썹이 올라가는 사람은 마음이 소탈해서 사심(邪心)이 없으며, 사람들로부터 호감을 사게 되므로 당연히 운도 좋다.

이러한 눈썹을 가진 여성은 부부 사이가 원만하며, 남편을 출세시키는 아내가 된다.

좁은 미간

웃을 때에 우는 눈썹이 되는 사람은 불행하다

웃고 있는데도 마치 울고 있는 것 같은 형의 눈썹이 되는 사람은 무슨 일이나 비관적으로 해석한다. 어두운 느낌을 주는 사람이며, 과거의 행복은 잊고

우는 눈썹

불행만을 언제나 기억에 담고 있는 사람이다.

웃을 때에 우는 눈썹이 되는 사람은 좋은 운을 맞으면서도 나쁜 운을 불러들이며, 좋은 이야기도 나쁜 결과로 만드는 경향이 있다.

이와 같은 상은 '웃는 얼굴의 외로운 사람'이라거나 '웃고 있는지 울고 있는지 모를 얼굴'이라고 해서 흉상으로 친다. 남녀 모두 이런 상은 하루바삐 정상적인 상으로 바꾸지 않으면 큰 불행을 초래할 수도 있다.

언제나 눈썹 뿌리를 모으고 있는 사람은 병약하다

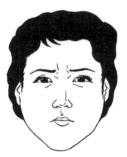

모아져 있는 눈썹 뿌리

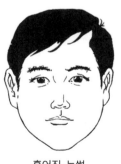

흩어진 눈썹

언제나 눈썹 뿌리를 모으고 있는 사람은 근시이거나 병약하거나, 혹은 마음에 고뇌를 품고 있는 사람이다. 원인이 무엇이든 이러한 상을 하고 있으면 절대로 운이 열리지 않는다.

아내가 이와 같은 상을 하고 있으면 가정은 암담해지고 남편은 출세를 할 수 없다. 또 남성으로서 이와 같은 사람은 가업(家業)의 부진을 초래하며 회사에서는 실패를 거듭하고, 한 가지도 제대로 되는 일이 없다. 일찍 원인을 제거하여 좋은 운이 올 수 있도록 해야 한다.

자연스럽게 눈썹이 흩어지는 것은 흉조이다

손으로 만지지도 않았는데 눈썹이 흩어지는 것은 사고나 분쟁, 실패 등의 흉사(凶事)가 멀지 않아 생김을 예고한다. 따라서 마음에 짚이는 일이 있으면 서둘러 손을 쓰거나 행동을 삼가고, 재난이 조금이라도 가벼워지도록 마음을 써야 한다.

이처럼 눈썹은 위험을 사전에 감지하는 안테나 역할을 하는 것이다.

눈썹으로 직업의 적성을 알아낸다

직선적이고 굵은 눈썹의 사람은 지도자 타입이다. 불요불굴(不撓不屈)한 성격의 소유자로서 결단력이 뛰어나다. 종교인·실업가·경찰관·군인 등 남성적인 직업이나 사람을 지도하는 직업이 적합하다.

긴 눈썹에 미골(尾骨)이 발달해 있는 사람은 수리(數理)에 밝다. 규율에도 잘 적응하며 시간을 지키는 등의 꼼꼼한 성격과 섬세한 감성을 갖추고 있으므로 세무사나 숫자 관계의 직업(수학자나 수학교사), 엔지니어 등 이과(理科) 계통의 직업이 적합하다.

눈썹이 야성적으로 거칠고 굵은 상은 몸이 튼튼하다는 것을 말해 준다. 그 육체와 활력을 자본으로 생산현장 같은 데서 노력하여 기술을 쌓는 타입이다.

부드럽고 가냘픈 눈썹의 사람은 몸이 약하고 신경도 섬세하므로 사무 계통의 직업이 적합하며, 예술 방면에 진출하는 사람도 많이 나타난다.

2. 눈·귀·코

1) 눈

눈은 마음의 창

눈은 그 사람의 심리를 잘 나타내는 기관이다. 우리는 남과 접할 때 종종 상대방 눈빛으로 이야기의 진실성이나 본심을 파악하려고 한다. 입으로 바른 말을 하는 사람이라도 그 눈빛이 사악하면 좀처럼 신뢰할 마음이 생기지 않는다. 반대로 악명 높은 사람이라도 웃는 눈빛이 부드러우면 우리는 또 다른 진실을 느끼기도 한다. 확실히 '눈은 마음의 창'이다. 관상학의 지식만 있으면 그 '창'을 통해서 상대방의 마음을 읽는 것은 그다지 어려운 일이 아니다.

또 눈은 건강상태를 잘 나타낸다. 수면 부족일 때는 충혈이 되고, 극도로 피로하면 힘없이 지친 눈빛이 된다.

죽을 때가 닥치면 눈은 공허하게 흐려지고 얼토당토않게 한 점을 응시하게 된다.

눈에는 정기(精氣)가 있어야 한다. 눈은 싱싱하게 빛나고 있는 상태가 가장

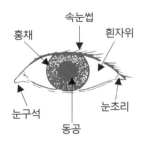
눈 각 부분의 명칭(왼쪽 눈)

속눈썹
홍채
흰자위
눈구석
눈초리
동공

좋다. 흐리멍덩한 눈은 아무리 잘생겼어도 좋은 상으로 볼 수 없다.

눈의 3대 분류법

체형에 따라서 인체는 심성질(心性質) · 영양질(營養質) · 근골질(筋骨質)의 3종류 기본형으로 구분할 수 있다('2부 몸으로 보는 관상법'의 '1. 체형' 항목을 참조).

눈에 있어서도 역시 그 3종의 분류법이 쓰인다. 그러나 동일인이라도 몸매의 기본형과 눈의 기본형이 꼭 일치하는 것은 아니다. 심성질 체형의 사람에게 심성질의 눈이 갖추어져 있다고는 할 수 없는 것이다. 예를 들어 체형은 근골질인데 눈은 심성질인 사람이 있다. 이런 사람은 근골질의 성격에 심성질의 성격이 가미된 것으로 판단한다.

기본적인 3종의 눈에 대한 특징은 다음과 같다.

① 심성질의 눈 : 가늘고 길며 약간 추켜올려진 눈. 육감적 · 정감적이 아닌 냉정한 느낌을 준다. 미인형의 눈이라고 할 수 있다. 성격은 심성질 체형의 경우와 거의 같다.

② 영양질의 눈 : 눈꺼풀이 포동포동 살이 찐 둥글고 큰 눈. 매력적인 눈이다.

심성질의 눈과는 반대의 느낌이라고 생각하면 된다. 성격은 영양질 체형의 경우와 마찬가지이다.

③ 근골질의 눈 : 험상궂으며 강한 의지를 느끼게 하는 눈. 약간 길쭉한 눈으로 흰자위가 많이 보이는 눈이다. 성격은 근골질 체형의 경우와 마찬가지이다.

눈이 매섭고 큰 사람은 지도자형

큰 눈에도 두 가지의 형태가 있다. 그 하나는 날카롭게 쏘아보는 위압적인 눈이다. 날카롭게 쏘아보면 노려보는 것 같은 느낌을 받는다. 고금(古今)의 영웅이나 명승(名僧)등에 이런 타입의 눈을 가진 사람이 많다. 그들은 투지에 넘치고 어떠한 어려움에도 맞설 기력이 있는 사람들로서 이를테면 개척자이다.

이런 타입의 눈을 가진 사람은 자신을 믿는 경향이 강하고, 대중의 인기를 얻어 많은 신봉자를 끌어들인다. 초년 운이 좋아서 일찍 출세하는 상이다.

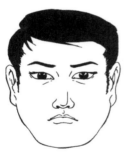

매섭고 큰 눈

눈이 크고 온화한 사람은 표현력이 뛰어나다

큰 눈의 또 다른 타입은 친근감이 있는 온화한 눈이다. 탤런트 중에도 미남형의 사람들은 대부분 눈이 크다.

이런 타입의 눈을 가진 사람은 기회 포착이 빠르고 상황을 재빨리 통찰한 다음 자신의 행동을 정한다. 또한 표현력이 뛰어나며 표정이나 화술, 제스처, 매력적인 목소리 등에 의해 인기를 얻는 경우가 많다.

역시 초년운이 좋고 일찍 출세하는 상이다.

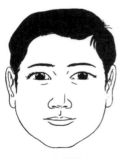

크고 온화한 눈

눈이 작은 사람은 인내심이 강하고 노력파

작은 눈을 가진 사람은 큰 눈을 가진 사람과 비교해서 젊은 시절이 그다지 잘 풀리지 않는다.

성격이 소박하고 부지런히 노력해서 성공하는 타입의 사람이다. 대중의 인기를 얻는 일은 별로 없지만 중년에 접어들면서 차츰 운이 트인다.

관공서나 기업의 중견 간부가 되어 착실하고 견실하게 그 조직을 받치는 사람이다.

퉁방울눈인 사람은 직감력이 뛰어나고 조숙하다

툭눈금붕어처럼 안구(眼球)가 튀어나온 눈을 퉁방울눈이라고 한다. 위 눈꺼풀의 살집이 얇은 퉁방울눈인 사람은 직감력이 뛰어나고 사람의 마음을 읽어내는 통찰력이 있다. 그러나 마음은 약한 편이다.

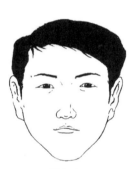

작은 눈

퉁방울눈이라도 위 눈꺼풀이 두터운 사람은 대단한 활동가이다. 무슨 일을 하든지 끝장을 내지 않으면 성미가 풀리지 않는 사람이다. 그런 만큼 일에 열심이지만 씀씀이가 헤프기도 하다. 샐러리맨으로서 열성적인 사원이 되거나 독립해서 사업을 할 사람이다.

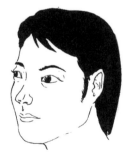

퉁방울눈

우묵한 눈인 사람은 대인관계가 서툴다

우묵한 눈을 한 사람은 사람을 상대로 하는 직업에 부적합하다. 큰 눈의 사람과 정반대라고 생각하면 된다. 자기표현이 서툴고 말도 잘하지 못한다. 표정의 변화도 거의 없다.

그러나 끈질기게 맞붙어서 성취해내는 스타일이며, 기업 등에서는 뒷전에서 실적을 쌓아 올리는 경우가 많다.

좌우가 다른 눈을 한 사람은 부부 금슬이 나쁘다

앞에서 '좌우가 극단으로 다른 얼굴은 흉상'이라고 했는데 (18쪽 참조), 눈만 좌우가 가지런하지 않을 경우는 정도가 약하기는 하지만 마찬가지로 흉상이다.

우묵한 눈

좌우 눈의 불균형은 태아 상태일 때 어머니의 정신상태가 혼란스러운 상황에 있었거나 부부간 금슬이 좋지 않았음을 가리킨다. 어머니 마음의 불균형이 자식의 눈 모양에 반영된 것이라고 여겨진다.

남성으로서 왼쪽 눈이 작은 사람은 공처가이며, 오른쪽 눈이 작은 사람은 부부 사이가 원만하지 않다.

또 좌우의 눈이 가지런하지 않은 여성은 남편으로 인한 고생이 끊이지 않는다.

좌우가 다른 눈

검은 눈인 사람은 순정파이고 정열적이다

검은 눈에서는 순정과 정열이 엿보인다. 크고 검은 눈은 착실하고 순진한 성격, 작고 검은 눈은 급하고 거센 성격을 나타낸다.

갈색 눈인 사람은 명랑하지만 경솔하다

눈이 갈색인 사람은 명랑하고 재능도 있지만 좀 경솔한 면이 있다. 또한 색채에 대한 센스가 뛰어난 편이다.

아래 삼백안은 대단한 집념가

검은 눈동자와 아래 눈꺼풀 사이가 희게 벌어져 있는 눈이 아래 삼백안(三白眼)이다. 아래 삼백안인 사람은 온힘을 다해 일을 성취하려고 한다. 일단 목표를 정하면 이루고자 하는 강한 집념의 소유자이다. 이상은 높고 지성도 있지만 목적을 위해서는 수단을 가리지 않는 측면도 있다.

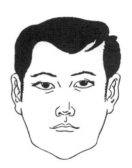

아래 삼백안

또, 아래 삼백안에 냉혹한 표정이 깃들어 있는 사람은 사회에 적응하지 못하고 성질이 비뚤어져서 남의 선의를 고분고분하게 받아들이지 않는 성격이다. 차츰 사회에서 소외되어 때로는 범죄를 저지르거나 잔혹한 짓을 할 가능성이 있다. 살인범이나 상해범 중에 아래 삼백안인 사람이 많다.

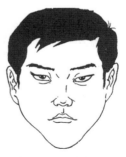

냉혹한 표정의 아래 삼백안

사방 삼백안은 흉상이다

검은 눈동자의 상하좌우(上下左右)에 흰자위가 유독 많이 드러나 보이는 눈을 사방(四方) 삼백안이라고 한다. 매우 드문 눈이다.

사방 삼백안인 사람은 일반인처럼 평범한 생활을 하지 않는 경향이 많고, 부도덕하며 때로는 악한 생각까지도 품게 된다. 성정(性情)이 포악해서 전장에서는 무자비한 군인으로 도움이 되기도 하지만 평화 시대에서는 그다지 환영받지 못하는 상이다.

위 삼백안은 간교한 지혜를 일삼는다?

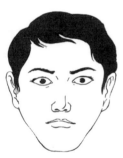

사방 삼백안

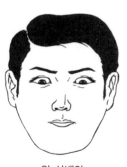

위 삼백안

눈의 검은자위와 위 눈꺼풀 사이가 희게 벌어져 있는 눈을 위 삼백안이라고 한다. 위 삼백안인 사람은 마음이 언제나 오락가락하고 간교한 지혜를 일삼는다고 하는데 반드시 그런 것만은 아니다. 이런 상에 대해서는 다른 상이나 표정을 보면서 종합적으로 판단해야 한다.

삼백안인 사람은 대체로 차가운 인상 때문에 남의 호감을 사지 못하는 면이 있는 게 사실이다. 그러나 나폴레옹도 삼백안이었다고 하니 꼭 흉상으로 단정할 수만은 없다.

눈과 눈썹 사이가 넓은 사람은 인기 만점

눈과 눈썹 사이가 넓고 살집도 좋은 사람은 남에게 좋은 인상을 주고 인기를 끄는 경우가 많다. 인기 탤런트는 대부분 이와 같은 상을 하고 있다. 사소한 일에 신경을 쓰지 않으며 무슨 일이나 남에게 맡길 수 있는 사람으로서 마음이 넓다. 그 때문에 남의 조력을 받으면서 자신도 노력하여 성공한다.

다만 이 부분의 살집이 엷은 사람은 호인인 까닭에 다른 이들에게 이용당하기 쉽다.

눈과 눈썹 사이가 좁은 사람은 대기만성형

눈과 눈썹 사이가 좁은 사람은 그다지 남의 인기를 끌지 못하고 세상에 나가기까지 상당한 시간이 걸린다. 인품은 착실하고 견실하다. 눈과 눈썹 사이가 넓은 사람과는 전적으로 대조적인 상이라고 생각하면 된다.

눈썹과의 사이가 넓은 눈

눈과 눈썹 사이가 좁고 살집이 붙어 있으며 팽팽할 경우는 대기만성형의 노력파로서 당대에 성공을 거둔다.

눈동자가 좌우로 흔들리는 사람은 경계심이 많다

눈동자가 좌우로 흔들리는 것은 못 미더워 마음이 동요하거나 경계심을 품

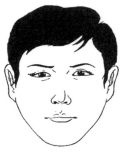

눈썹과의 사이가 좁은 눈

고 있다는 증거이다.

그와 같은 눈을 '밤손님의 눈'이라고 한다. 도둑은 언제나 형사의 눈을 피하려고 강한 경계심으로 눈동자를 불안하게 움직이기 마련이니까 말이다.

눈이 흐리멍덩한 사람은 오관이 둔하다

눈이 흐리멍덩하고 움직임이 둔한 사람은 미각·후각·시각·청각·피부 감각이 보통사람보다 둔하다. '눈은 마음의 창'이라는 말이 있듯이 눈은 그 사람의 뇌를 나타낸다고 볼 수 있다.

흐리멍덩한 눈

눈과 눈썹 사이가 넓고 삼백안인 경우는 흉상

눈과 눈썹 사이가 넓은 것은 좋은 상이지만 그와 동시에 삼백안일 경우에는 예외이다. 눈과 눈썹 사이는 넓지만 약간 우묵하면서 삼백안인 남성은 여성을 진심으로 대하지 않고 가볍게 생각한다. 또한 남을 신용하지 않고 음험한 생각을 품는다.

이와 같이 좋은 인상과 악상(惡相)이 조합되면 인기가 있음을 악용하는 흉상이 된다.

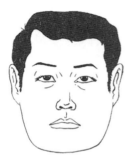

눈과 눈썹 사이가 넓은 삼백안

눈이 웃지 않는 사람은 마음이 차다

얼굴은 웃고 있는데도 눈은 조금도 웃지 않는 사람은 냉정, 냉담, 냉혹한 성격을 갖고 있다. 이런 사람은 좀처럼 감정에 물들지 않고 냉정하게 상대방을 관찰한다.

마음이 차가운 사람이므로 섣불리 안심해서는 안 된다.

2) 눈꺼풀

외겹 눈꺼풀인 사람은 소심하고 인내심이 강하다

외겹 눈꺼풀인 사람은 작은 눈의 사람과 대체로 같은 성격이다. 소심하고 주의 깊은 데다 인내력이 있으므로 큰 성공도 없거니와 큰 실패도 하지 않는다. 그다지 명랑한 사람은 아니다.

외겹 눈꺼풀이면서 눈이 큰 사람은 큰 눈이 가리키는 밝은 성격보다 다소 덜하다고 보면 된다.

관상이란 이와 같이 상반된 두 가지 상이 동시에 존재할 경우는 양자를 종합해서 하나의 판단을 내리는 법이다.

외겹 눈꺼풀

쌍꺼풀인 사람은 발랄하지만 경솔한 면도 있다

쌍꺼풀인 사람은 큰 눈의 사람과 대체로 같은 성격이라고 보면 된다. 외겹 눈꺼풀인 사람보다도 인기가 있으며 발

쌍꺼풀

랄하고 행동이 매우 민첩하다. 성격은 화려하지만 경솔한 면도 있다. 쌍꺼풀에 눈이 작을 경우는 소박한 성격에 발랄함이 보태졌다고 보면 된다. 성형수술에 의해 외겹 눈꺼풀을 쌍꺼풀로 바꾸면 관상학상 또는 심리학상으로도 성격은 당연히 변한다.

좌우가 다른 눈꺼풀인 사람은 이중인격적인 면이 있다

한쪽 눈꺼풀이 외겹이고 다른 쪽이 쌍꺼풀인 사람은 좌우가 가지런하지 않은 눈과 마찬가지로 판단한다. 이럴 경우 쌍꺼풀의 눈 쪽이 외겹 눈꺼풀의 눈보다 큰 것으로 간주한다. 좌우 눈꺼풀의 불균형은 모체 내에 태아로 있을 때 아버지와 어머니의 성격 및 체질의 부조화가 영향을 미친 결과라고 볼 수 있다.

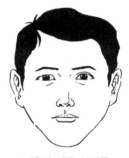

좌우가 다른 눈꺼풀

이렇듯 좌우가 다른 눈꺼풀을 가진 사람은 자연히 이중인격적인 성격일 경우가 많다.

눈꺼풀은 젊음과 체력의 바로미터

눈꺼풀을 '안검(眼瞼)'이라고도 한다. 관상을 판단하는 데 있어서 그다지 변화가 풍부한 부위는 아니지만 젊음과 체력을 잘 말해주는 곳으로 사람을 판단하는 데 도움이 된다.

밤을 새우면 눈 아래에 그늘이 생긴다. 이것은 육체의 무리에 따른 피로가 아래 눈꺼풀과 그 주변에 나타난 결과이다. 또 사람이 나이를 먹으면 목 부분과 눈 주위가 느슨해져 아무리 화장을 해도 숨길 수가 없다.

실로 눈꺼풀은 젊음과 체력의 바로미터라고 하겠다.

3) 귀

귀는 뇌의 모양과 흡사하다

귀의 모양은 뇌의 모양과 흡사하다고 한다. 따라서 귀는 그 사람의 유전적인 특징을 잘 나타냄과 동시에 소질이나 현명함, 어리석음 등을 반영한다고 볼 수 있다.

귀가 뇌와 흡사하다는 것은 그 모양만을 보고 하는 말은 아니다. 생리학적으로도 뇌의 작용을 대변하는 것 같은 면이 있다. 그것을 잘 증명하고 있는 것이 이침(耳針) 요법(療法)이다. 이침 요법이란 몸의 질병을 고치기 위한 치료의 목적으로 귀에 침술을 행하는 요법이다.

귀에는 내장을 비롯해서 전신의 경혈(經穴)이 모여 있다. 따라서 귀에 침 요법을 베풀면 온몸의 각 부위에 걸친 병을 치료할 수 있는 것이다.

이침 요법은 프랑스 의사인 폴 노지에르(P. Nogier)가 개발한 것이다. '귀에 화상을 입자 좌골신경통이 치료되었다.'는 말에서 암시를 받아 임상에서도 양호한 효과를 거두게 되자, 이를 1956년 마르세유에서 개최된 국제침구의학

귀의 경혈을 이용하는 이침법

회에 보고함으로써 시작되었다.

그는 귀의 해부학적 모양이 흡사 태아가 드러누운 형상과 같다는 특징을 파악하고, 귀의 특정 장소에 몸의 질병이 반사되어 발현함을 관찰하여 이혈(耳穴)의 분포와 정확한 위치를 찾아내 이를 체계화시키기도 했다.

중국에서도 예전부터 귀를 이용하여 질병을 치료했다는 기록이 문헌에 나타난다. 즉 춘추전국시대의 편작(扁鵲)을 비롯해 장중경, 손사막, 이시진, 오상선, 양계주 같은 여러 의사들이 귀를 이용해서 갑자기 쓰러지거나 귀가 안 들리거나 귀에서 소리가 나는 환자, 급성 간염 환자 등을 치료한 각종 사례가 기록으로 전해지고 있다.

귀의 3대 분류법

체형과 마찬가지로 귀에도 심성질 · 영양질 · 근골질이라는 3종의 기본적인 형이 있다.

그러나 동일인이라도 체형의 기본형과 귀의 기본형이 반드시 일치하지는 않는다. 예를 들어, 체형은 근골질인데 귀는 영양질인(또는 그에 가까운) 경우가 있다. 그와 같은 혼합형에 있어서는 기본형을 우선 분별하고 나서 종합적으로 판단한다.

귀는 그 사람의 선조나 부모 등으로

심성질　영양질　근골질

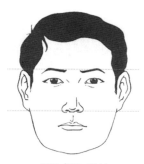

귀의 바른 위치

부터 받고 있는 영향, 즉 혈통이나 유전을 나타내고 있다. 귀는 좌우 동형의 모양이 좋은 상이며 상처나 결함이 있는 것은 좋지 않다.

그리고 귀의 상부는 눈썹의 선으로부터 시작하고 귀의 하부는 코의 아랫부분 선과 일치하는 것이 귀의 바른 위치라고 한다.

귀의 기본적인 3가지 타입의 특징은 다음과 같다.

① 심성질의 귀 : 심성질의 얼굴과 마찬가지로 상부가 크고 하부가 차츰 좁아지는 귀. 심성질 귀의 성격은 심성질의 사람과 거의 같다고 본다.

② 영양질의 귀 : 살집이 좋고 둥글며 풍부한 느낌의 귀. 소위 '복귀(福耳)'라고 하는 것으로 통통한 귓불이 특징이다.

③ 근골질의 귀 : 귀의 중간 부위가 상부나 하부보다 잘 발달해 있는 귀이다. 근골질 귀의 성격은 근골질 체형의 사람과 같다고 볼 수 있다.

귀가 큰 사람은 주의 깊은 성격

눈썹의 선 및 코의 아랫부분 선에서 빠져 나와 있는 큰 귀의 사람은 주의 깊은 성격으로서 일에 대해 신중히 생각하고 처리한다. 또 상식적이며 인품이 조용하다.

큰 데다 살집이 좋은 귀는 금전운이 좋고 인품도 조화를 잘 이루고 있으며 건강이 좋아서 장수한다. 마쓰시타전기산업을 창립한 일본의 마쓰시타 고노

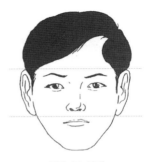

귀가 큰 사람

스케(1894~1989)의 귀가 이런 상이다.

살집이 얇고 빈약한 귀는 그다지 좋은 상이라 볼 수 없다.

귀가 작은 사람은 감정적

귀가 작은 사람은 의지가 약하고 감정적으로 되기 쉽다. 마음이 변하기 쉬운 사람이기도 하다. 또 비밀을 지키지 못하고 남에게 누설해 버리는 경향이 있다. 성질이 급한 사람이 많다.

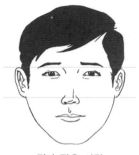

작은 데다 빈약한 귀는 빈상(貧相)을 가리킨다. 극단적으로 작은 귀의 사람은 기인(奇人)이나 별난 짓을 잘하는 사람이라는 말을 듣게 된다. 크고 빛깔이 좋은 귀가 좋은 상인 것이다.

귀가 작은 사람

귀의 살집이 두터운 사람은 복이 있다

살집이 두텁고 통통한 귀는 좋은 상이다. 귀의 살집은 그 사람의 숙명과 유전을 나타내고 있다. 통통하고 색깔이 좋은 귀는 좋은 유전자를 받아 태어났음을 나타낸다.

귀의 살집이 빈약한 사람은 불운하다

귀가 크고 좋은 모양을 하고 있어도 살집이 빈약하면 그만큼 불운하다. 귀의 크고 작음 외에 살집이 두터운지 빈약한지를 종합해서 판단하지 않으면 안 된다.

귀의 좌우가 가지런하지 않은 사람은 재산복이 없다

양쪽 귀의 크기나 높이가 다른 사람은 재산을 모으지 못한다. 이런 사람은 출산할 때 난산이었거나 유전적으로 좋지 않은 요인이 있다고 판단된다.

귀가 정면에서 보이지 않는 사람은 지도자의 상

정면에서 보았을 때 귀가 얼굴 옆에 평평하게 붙어 있어 잘 보이지 않는 사람이 있다. 그와 같은 귀는 좋은 상이다.

이런 귀를 가진 사람은 남의 위에 서는 지도자의 상을 타고나서 체력도 좋고 일도 열정적으로 하는 사람이다.

독립된 직업에 적합하고 정치가나 사업가에 적격이다. 여성도 마찬가지로 이런 귀를 가진 경우 자력으로 출세할 수 있는 상이다.

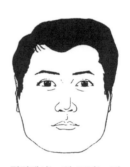

정면에서는 안 보이는 귀

복귀는 복을 부른다

귓불이 통통한 귀를 복귀[福耳]라고 한다. 복귀의 사람은 복을 타고난다.

토지·가옥 등의 부동산을 소유하고 재산도 모은다.

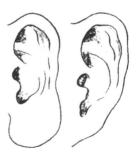

금전운을 나타내는 귓불

귓불이 없는 사람은 돈과 인연이 없다

귓불이 없는 귀는 복귀와는 반대로 돈과는 인연이 없다. 수입이 있어도 곧

낭비해 버린다. 이와 같은 귀의 사람은 샐러리맨이 되어 견실하게 살아가는 것이 좋다. 야망을 품는 것은 금물이다.

귀의 색깔도 살펴야 한다

모양이나 살집 외에 색깔 또한 귀의 상을 보는 데 있어서 큰 실마리가 된다. 귀의 색깔을 보면 건강 상태를 비롯하여 여러 가지 사정을 알 수 있다.

① 담홍색(淡紅色)의 귀 : 엷은 홍색을 하고 있으며 풍족한 귀는 남의 신용을 얻고 인간관계나 사업 면에서 일이 순조롭게 진전하고 성공하는 상이다. 신체는 강건하고 내장의 상태도 좋다는 것을 가리키고 있다.

② 적색(赤色)의 귀 : 귀가 붉은 것은 혈행(血行)이 왕성하다는 것을 나타낸다. 붉은 귀의 사람은 일이나 거래에 있어서 남과 분쟁을 일으키는 경우가 많다. 다혈질의 사람이다.

③ 적몽색(赤蒙色)의 귀 : 적몽색이란 검붉은 색깔로 피가 뭉쳐 있는 것 같은 색깔을 말한다. 적몽색 귀의 사람은 신장염의 위험이 있다.

④ 흰 귀 : 빈혈을 일으키고 있는 것 같은 귀이다. 병약함을 나타낸다. 또한 세상의 신용을 잃는 상이기도 하다.

⑤ 푸른 귀 : 3년 이내에 생명의 위기를 맞을 상이다. 사고나 사건이 일어나기 쉽다.

⑥ 검은 귀 : 적몽색 귀의 사람과 마찬가지로 신장 질환에 주의해야 한다.

⑦ 마른 풀색의 귀 : 몸이 허약하고 자식운이 없는 상이다.

⑧ 암몽색(暗蒙色)의 귀 : 암몽색이란 그을린 것처럼 거무스름한 색으로 운수가 나쁜 상임을 가리킨다. 암몽색 귀의 사람은 무엇을 해도 잘 되지 않는다.

귀의 유년법

귀는 그 사람의 일생을 좌우하는 운명이나 성격을 나타냄과 동시에 출생부터 7세까지의 운도 가리키는 부위이다. 극히 어릴 때의 운을 보는 방법에 귀의 유년법(幼年法)이라는 것이 있다. 이것은 귀의 측면 부분을 출생부터 7세까지로 나누고, 그 연령에 해당하는 부분에 멍이나 점이 있으면 그 나이 때에 길흉이 있다고 보는 방법이다.

사실상 7세라고 하면 인생의 큰 문제에 부딪칠 일이 거의 없는 시기이므로 여기서는 유년법을 소개하는 것에서 그치기로 한다.

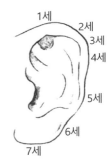

일례로 1세 위치에 있는 점은 그때에 문제가 생김을 뜻한다.

4) 코

코는 인격을 표현한다

코는 그 사람 자체를 표현한다고 한다. 흔히 사람들이 "저 말입니까?" 하고 말하면서 자신을 손가락으로 가리킬 때는 어디를 가리키는가. 대부분의 사람들이 자신의 코를 손으로 가리킨다. 그것도 무의식중에 그렇게 할 적이 많다. 절대로 입이나 눈, 귀를 가리키지는 않는다.

코는 얼굴의 한복판에 있다. 코가 얼굴 중에서 얼마나 중요한 비중을 차지하는지는 성형수술을 하는 사람 중 코의 경우가 가장 많다는 것만 보아도 알 수 있다.

"클레오파트라의 코가 한 치만 더 낮았더라면 역사가 바뀌었을 것이다."라는 말이 있듯이 코는 아름다움이나 자부심의 상징이기도 하다. "딸아이의 말이 나오면 저 사람은 콧대가 높아진다."고도 하며, 풀이 죽으면 "콧대가 납작해졌다."고도 한다.

코 하나만을 놓고서도 갖가지로 사람을 판단할 수 있다.

옛날의 왕족이나 재상들은 코가 높고 갸름한 얼굴의 사람이 많았다. 그와 같은 얼굴 생김새를 '왕족상'이라고 했다. 이에 비해 당시의 서민 중에는 코가 낮고 둥근 얼굴이 많았다고 한다. 현재는 그와 같은 구별은 없다. 산간벽지에도 코가 잘생긴 멋진 얼굴의 사람이 있는가 하면, 도시의 한복판에 살면서 상당한 지위에 오른 사람 중에도 코가 낮고 별로 볼품없는 얼굴 모양을 가진 사람이 있다.

코는 단순히 높고 낮다는 것뿐만 아니라 그 모양도 가지각색이다. 그러한 모양은 개개인의 성격이나 운명을 알기 위한 정보가 되는 것이다.

코가 높은 사람은 자존심이 강하다

코가 높은 사람은 자존심이 강하다. 남의 밑에 있는 것은 자존심이 허락하지 않아서 어떻게든 남의 위에 서려고 애쓴다. 거만한 성격이어서 사람을 사람으로 생각하지 않는 사람도 있다. 이상이 높기 때문에 발밑을 보지 못하고 현실적인 면에서의 처리가 능숙하지 못하다.

'사회는 모름지기 이렇게 되어야 한다.'는 총론은 세우지만 구체적인 방법론에 대한 질문이 나오면 신통한 답변을 못하는 사람이다.

이상을 우선시하는 사회, 즉 종교계나 사회복지사업 같은 방면에 들어서면 좋다. 금전 문제가 얽히는 상인이나 세일즈맨 같은 직업은 적합하지 않다.

코가 낮은 사람은 자존심이 약하다.

코가 낮은 사람은 겸허하다기보다는 자신을 비하(卑下)하는 성격으로서 금전운도 약하다. 남의 밑에 있는 것이 적합하며 주어진 일을 잘한다. 자신을 알고 자신의 페이스를 지키는 것에 능숙하다.

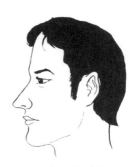

코가 높은 사람

코가 긴 사람은 자존심이 높다

코의 길이는 그 사람 얼굴의 3분의 1을 차지하는 것이 표준이다. 이보다 더 길거나 짧은 것에 따라 긴 코, 짧은 코로 구별하며, 긴 코의 경우는 대개 코끝이 아래쪽을 향하고 짧은 코의 경우는

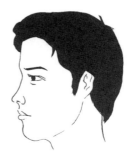

코가 낮은 사람

위쪽을 향해 있는 경우가 많다.

코가 긴 사람은 대체로 자기 기품을 지키려고 하는 자존심이 높고 융통성 없는 고지식한 사람이다. 이른바 고상한 사람이기 때문에 돈벌이 이야기나 세속적인 이야기 같은 것에는 흥미를 보이지 않는다. 또 거리를 걸을 때에도 자존심을 유지하려고 하기 때문에 복장이나 언행에 신경을 쓰는데, 남들의 눈에는 멋을 부리는 것처럼 보여서 그다지 친교 관계가 많은 편이 아니다.

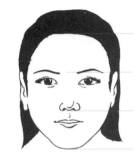

코의 표준 길이 : 얼굴의 3분의 1

코가 긴 사람은 성실하고 책임감도 강하며 꼼꼼하기 때문에 유능한 비즈니스맨으로 성공할 수도 있다. 코가 길수록 고독, 고고성(孤高性)이 강해지고 속계(俗界)에서 멀어지게 된다.

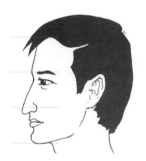

코가 긴 사람

코가 짧은 사람은 결단이 빠르다

코가 짧은 사람은 융통성이 많은 사람이다. 성격은 싹싹하고 무슨 일이든 그다지 심각하게 받아들이지 않으며 손이 빠르다. 재능이 있는 경우에는 리더십으로 사람을 끌어들이며, 재능이 없는 경우에는 게으른 인생을 보내기 쉽다.

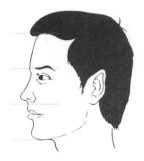

코가 짧은 사람

코가 휜 사람은 수입이 불안정

중심에서 오른쪽이나 왼쪽으로 휘어 있는 코는 코가 낮은 사람보다도 코가 높은 사람에게서 많이 볼 수 있다. 이런 사람은 한몫 잡아서 큰 수입을 올렸다 싶으면 곧 빈털터리가 되는 등 수입 면에서 기복이 심하다. 따라서 어느 날 갑자기 큰 부채를 남긴 채 행방을 감추는 사람도 있다. 여성의 경우는 결혼이 잘 성사되지 않는 상이다.

코가 휜 사람

콧대가 꺾인 사람은 투쟁적인 성격

꺾인 콧대는 서양인에게서 흔히 볼 수 있다. 이런 상은 무엇보다도 투쟁적이며 남에게 지는 것을 수치로 여긴다. 전력을 다해서 일에 맞서는 것을 좋아하기 때문에 자리에 따라서는 유능한 인재가 된다. 그러나 남에게 종속되거나 협조하는 것에 능숙하지 않은 성격이어서 상인이나 손님을 맞는 직업에는 적합하지 않다.

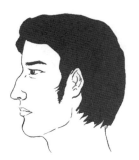

콧대가 꺾인 사람

매부리코인 사람은 금전만능주의자

매부리코는 아랍인이나 옛날의 유태인에게서 볼 수 있었던 상이다. 매부리

매부리코인 사람

코의 사람은 금전만능의 생각을 갖고 있으며 돈이 생기는 일이라면 적과도 손을 잡고 살붙이라도 배반한다. 상인으로서 적합하며 특히 브로커 등이 적합한 직업이라고 할 수 있다. 남의 희생을 당연하게 생각하며, 결국 큰 재산을 모을 사람이지만 인간적으로는 누구에게도 사랑받지 못하고 신용도 얻지 못한다.

코가 둥근 사람은 태평스러운 재산가

코끝이 둥근, 이른바 '경단코'의 사람은 일에 그다지 관심을 가지지 않고 세상을 태평스럽게 살아간다. 그러나 전형적인 호인상(好人相)은 아니고, 사리에 아주 밝은 면도 있어서 어느 틈에

재산을 모으고 풍족한 생활을 하게 된다. 옷차림이나 체면에 개의치 않고 어디까지나 실용 위주의 생활에 힘쓰는 사람이다. 일생을 통해 금전운은 좋은 편이다.

코가 둥근 사람

코끝이 뾰족한 사람은 개성이 강하다

코끝이 뾰족한 사람의 성격은 코가 높은 사람의 성격보다 더욱 강하다. 자존심이 대단히 강하고 남에게 지는 것을 극도로 싫어한다. 남과 협조하는 것을 관계를 맺는 것으로 여기지 않고 상대방에게 굴복하는 것으로 생각한다. 자기 욕심은 남보다 배 이상 많고 남의

코끝이 뾰족한 사람

곤란에는 아무런 동정도 보이지 않는다. 자아(自我)가 강하면서 차가운 인품이다.

여성형 코의 사람은 의뢰심이 강하다

코끝은 보통 크기이지만 코의 능선(콧마루)이 낮은 것을 '여성형 코'라고 한다. 옛날의 여성에게 많이 볼 수 있었던 코이다. 이런 상의 사람은 이상을 동경하지만 신념이 약하고 항상 강한 사람에게 의지하기를 바란다. 남편을 내세우고 남편에게 순종하는 장점은 있지만, 악한 남자에게 이용을 당해도 여전히 그 남자를 의지하는 여성이 많다. 오늘날의 시대에는 그다지 볼 수 없는 형이다.

갓난아기형 코의 사람은 판단력이 무디다

갓난아기 때의 동그랗고 어딘지 성인의 얼굴과는 어울리지 않는 코를 그대로 가지고 어른이 된 것 같은 사람은 마음도 어른이 되지 않았다고 볼 수 있다. 자기주장이 없고 인생의 이상도 없다. 따라서 어느 사람이 우측이라고 하면 그대로 믿고 다른 사람이 우측이 아니라 좌측이라고 하면 또 그대로 믿는다. 사람이 좋다기보다는 자주적인 판단력이 무딘 사람이다.

여성형 코의 사람

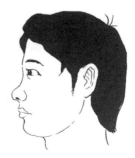

갓난아기형 코의 사람

코에 선이 나타나면 흉상

콧마루에 나타나는 종선이나 횡선은 좋은 상이라고 할 수 없다. 세로로 나타나는 선은 금전을 잃는 전조(前兆)이며 자식운이 없고 남의 자식을 양육할 팔자이다. 가로로 나타나는 선은 외롭고 고독한 인생임을 가리킨다. 또 유문(柳紋)이라고 해서 가지가 있는 무늬가 나타나는 것은 분쟁에 휩쓸리는 운을 가리키므로 주의할 필요가 있다.

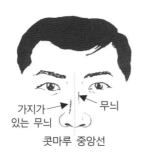

가지가 있는 무늬 ← → 무늬

콧마루 중앙선

코에 나타난 선

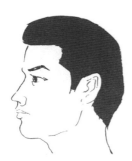

콧방울이 처진 사람

콧방울이 처진 사람은 부하복이 없다

콧구멍이 나 있는 부분을 콧방울이라고 한다. 콧방울이 코끝보다도 처져 있는 사람은 부하의 운이 없으며 아무리 부하의 뒤를 보살펴 주어도 보답을 받는 일이 없다.

그 까닭은 콧방울이 처진 사람 자체가 인덕이 갖추어져 있지 않기 때문이다. 따라서 남이 따르려고 하지 않고 보살펴 주어도 감사를 받지 못한다.

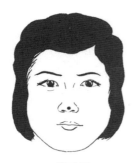

코끝의 점

코끝의 점은 파란을 몰고 온다

코의 끝에 점이나 상처가 있는 사람은 인생에 파란이나 부침(浮沈)이 있음을 말해준다. 남보다 배 이상 고생하고 노력하지 않으면 안 되는 운명이다.

콧구멍의 크기가 다른 사람은 저축하지 않는다

두 개의 콧구멍 크기가 금방 알아차릴 만큼 극단으로 다른 사람은 얼굴이 일종의 불균형을 이룬 상으로서 돈벌이는 잘하지만 저축은 하지 않는다.

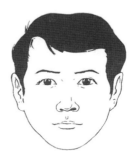

콧구멍의 크기가 다른 사람

콧방울이 좌우로 뻗친 사람은 재산을 모은다

콧방울이 좌우로 뻗친 사람은 당대에 재산을 모을 수 있는 사람이다. 둥근 코의 사람과 마찬가지로 체면을 차리지 않고 겉치장도 하지 않으며 실질적이며 실리적으로 처세해서 성공하는 타입의 사람이다.

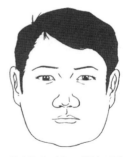

콧방울이 좌우로 뻗친 사람

일을 대하는 방식이 섬세하지는 않으며, 대범하게 처리하는 것이 특징이다.

콧구멍이 큰 사람은 돈이 붙어 있지 않는다

콧구멍이 큰 사람은 무슨 일이든 감추지를 못한다. 또 부자가 되어도 동시에 지출까지 많아지는 사람이다.

콧구멍이 작은 사람은 겁쟁이

콧구멍이 작은 사람은 소심하고 경계심이 강하며 큰일을 하지 못한다. 돈벌이도 못하지만 지출도 하지 않는 타입이다. 콧구멍은 콩알 정도의 크기가 표준이다.

붉은 코는 파산을 의미

코끝이 붉은 사람은 알코올 중독자라는 말을 듣는데, 관상학에서는 재산을 잃는 흉상으로 판단한다. 경제적으로 괴로움을 당하거나 형(刑)을 언도받는 등의 악운을 가리킨다. 만일 붉은 코의 사람이 재운이 있다면 그 대신 단명(短命)하거나 고난을 당하게 된다. 어찌되었든 좋은 상은 아니다.

코가 깨끗하지 않은 사람은 가난하다

코의 피부가 까칠하거나 얼룩, 상처, 멍 등이 있는 것은 흉상으로 금전운이 좋지 않다. 또 일을 해도 좌절하는 경우가 많다.

3. 입·치아·턱·뺨

1) 입과 입술

입은 생활력·생존력·본능을 표현

입이란 살기 위해서 절대로 불가결한 기관이다. 사람은 시력을 잃거나 청력을 잃어도 살 수가 있지만 만약 입이 일체의 기능을 잃는다면 살아갈 수 없다. 입은 그처럼 중요한 존재인 만큼 입의 모양이 가리키는 의미도 크다.

입은 생활력·생존력·본능을 나타내는 곳이며 또한 성욕도 표현하게 된다. 입술과 입술의 접촉이 성적인 행위가 될 수 있는 것이다.

입은 그 사람의 지성(知性)이라기보다는 감정적 혹은 감각적인 면이나 의지의 상태 등을 강하게 표현하는 곳이다. 사람이 중대한 결의를 했을 때는 흔히 입을 굳게 다물며, 방심했을 때나 놀랐을 때에는 멍청하게 입을 벌리게 된다. 화가 나면 입이 뿌루퉁하게 되거나 삐죽거리게 된다.

윗입술은 그 사람의 적극성을 나타내고 부성(父性)을 가리킨다. 아랫입술은 소극성을 나타내고 모성(母性)을 가리킨다. 이와 같이 상하의 입술을 보면 그 사람의 성격을 알 수 있다.

또 입의 크기에 따라 성격과 운세도 달라지며, 입술의 색깔에 따라서도 여러 가지로 달라진다. 큰 입은 생활력이 있다고 판단되지만, 그 모양이 느슨해져 있으면 도리어 야무져 보이는 입을 가진 사람보다도 못하다. 입에 따른 판단법을 구체적으로 소개하기로 한다.

입이 큰 사람은 호탕한 정력가

입의 크기는 아래의 그림처럼 눈의 검은자위에서 수직으로 그린 선의 너비만큼 되는 것을 표준으로 삼아 '큰 입'이라거나 '작은 입'이라고 판단한다.

입이 크고 야무지게 보이는 사람은 호탕한 성격으로서 신망을

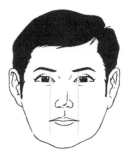

입의 표준 크기

얻어 남의 위에 오르게 된다. 행동력과 결단력이 뛰어나기 때문에 많은 사람을 거느리고 큰일을 성취하는 경우가 많다. 이에 반해 입이 작은 사람 중에 많은 이들이 추종하는 리더가 되어 있는 예는 매우 드물다고 하겠다.

입이 큰 데다 입술이 두툼하게 생긴 사람은 성욕이 왕성하다. 이와 같은 사람은 인생의 목적을 사업 같은 것에 두기보다는 정사(情事) 쪽에 두기 때문에 자칫하면 실패할 수가 있다. 썩 좋은 상이라고 할 수 없다.

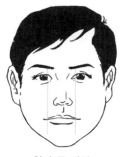

입이 큰 사람

따라서 단지 입이 큰 것만으로 그 사람을 판단하기는 어렵다.

입이 작은 사람은 소심하고 경쟁력이 없다

입이 작을수록 생활력이 약하다. 입이 작은 사람은 소심하기 때문에 남의 위에 올라도 성공하지 못한다. 이를테면 권력이나 지위로 부하를 억압하는 상사가 된다. 경쟁력이 부족해서 강한 상대와는 맞서려고 하지 않는다.

이런 사람은 너무 큰 욕심을 부리지 말고 분수에 맞게 열심히 기반을 닦아가는 것이 좋다. 샐러리맨으로서 매우 적합하다.

입이 튀어나온 사람은 야성적

입이 많이 튀어나올수록 야성적이고 생활력도 있는 것으로 판단된다. 인종별로 보면 입이 가장 많이 튀어나온 것은 흑인이고, 다음은 동양인이다. 백인은 이에 비해 입이 별로 튀어나와 있지 않다.

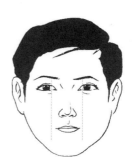

입이 작은 사람

입이 튀어나온 사람은 말이나 행동에 있어서 남에게 지지 않는 억센 면이 있고, 비교적 강인하게 자기주장을 관철한다. 그 때문에 완력을 쓰거나 난폭한 언사를 행할 때도 있다. 웬만큼 교양이 있는 사람이라도 자기주장을 관철할 때에는 지성을 벗어난 언동을 한다.

입이 튀어나온 여성의 경우는 자기 고집이 세고 남편보다 위에 서려고 하는 편이다.

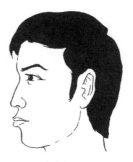

튀어나온 입

입이 들어가 있는 사람은 마음이 약하다

입이 들어가 있는 사람은 생각이 소극적이다. 남에게 너무나 조심스럽고 자기 기분을 억제하기 때문에 자기주장을 내세우지 못하며, 또한 그 일을 마음에 두고 걱정하는 사람이 많다.

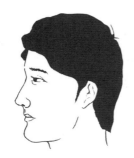

들어가 있는 입

꼭 필요한 주장도 할 수 없는 사람으로 다른 사람에게 끌려다니는 형편이 되고 만다. 이런 상은 여성보다는 특히 남성일 경우 나약한 성격이 되므로 바람직하지 못하다.

입술이 얇은 사람은 차갑고 타산적

입술이 얇은 사람은 차가운 이기주의자이며, 타산적인 성격일 경우가 많다. 여성으로서 입술이 얇은 사람은 수다스럽고 경박하며 그다지 풍족한 운명은 아니라고 판단한다.

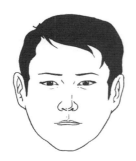

얇은 입술

입술이 두터우면 정에 빠지기 쉽다

입술이 두터운 사람은 정이 많고 친절하다. 다만 입술이 너무 두터우면 성욕으로 인해 신상을 그르친다. 여성의 경우에도 입술이 두텁고 큰 사람은 이 남자, 저 남자를 전전하다 결국은 불행

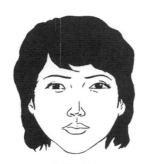

두터운 입술

한 결과를 초래할 수 있다.

윗입술이 두터운 사람은 애정이 깊다

윗입술은 남을 위하는 적극적인 애정을 가리킨다. 따라서 윗입술이 두터운 사람은 정이 깊은 사람이라고 할 수 있다.

윗입술이 유별나게 두터운 여성은 남성에게 약하다. 그러나 심성은 강하기 때문에 자기주장을 좀체 굽히는 법이 없다.

윗입술이 유난히 얇은 사람은 애정에 박하다

윗입술이 유별나게 얇은 사람은 남에게서 애정을 받기만 하고 잘 주지는 않는다. 따라서 애인이나 배우자에게 외면당할 우려가 많다.

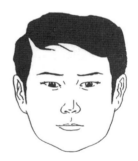

얇은 윗입술

아래턱이 더 나온 입은 애정이 없다

아래턱이 더 나온 입은 의학용어로 '하악전돌(下顎前突)'이라고 하는데 유전성인 듯싶으며, 옛날 프랑스 왕의 가문에서 많이 볼 수 있었다. 아래턱이 더 나온 입에는 다음의 두 종류가 있으며, 제각기 성격이나 운명이 다르다.

① 아래턱의 뼈가 앞으로 튀어나온 사람 : 배우자 문제로 고생하는 사람이다. 그다지 연애 감정이 풍부하지 않은 성격으로서 남성은 아내와의 사이가 원

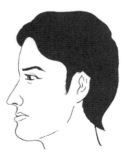

아래턱뼈가 튀어나온 입

만하지 않다. 여성도 남성적인 성격을 지니기 때문에 남편과의 사이가 원만하지 않거나, 결혼 후에도 자신의 일을 계속해야 하는 운명이다.

그리고 아래턱의 뼈가 앞으로 나온 사람의 목소리에는 일종의 독특한 울림이 있다.

② 아랫입술만 두텁고 앞으로 나온 사람 : 자기중심적인 성격을 지닌 사람이다. 약속을 함부로 파기하고 행동하기 때문에 신용을 잃게 된다.

말하자면 아래턱의 뼈가 앞으로 튀어나온 입의 경우나 아랫입술만 두텁고 앞으로 나온 경우나 그다지 좋은 상은 아니다.

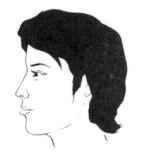

앞으로 나온 두터운 아랫입술

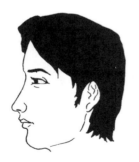

들어가 있는 아랫입술

아랫입술이 들어가 있는 사람은 몰개성적

앞에서 말한 아랫입술만 두텁고 앞으로 나온 경우와는 반대로 아랫입술이 들어가 있는 상의 사람은 개성이 없어 남에게 리드당할 뿐 자기주장 같은 것을 펴지 못한다.

이런 사람과 이야기를 나누면 어딘지 못 미더운 느낌을 받게 된다. 이런 사람은 자신의 분수를 깨닫고 큰 조직의 일원으로 살아가는 편이 좋다. 샐러리맨을 벗어나서 독립해 보았자 성공하는 것은 어렵다.

입술이 일그러진 사람은 잔소리가 심하다

언제나 입술을 일그러뜨리고 있는 사람은 격해서 화를 잘 내는 성질이며, 남이 성가시게 생각할 정도로 다른 사람 일에 참견해서 미움을 산다. 허영심도 강하고 툭하면 허세를 부리려고 해서 적을 만들기 쉽다.

남의 밑에서 일해도 미움을 사고 원만하지 못한 사람이다. 손님을 상대하는 일에 적합하지 않으며, 혼자서 간섭받지 않고 능력을 펼칠 수 있는 직업을 택하는 것이 좋다.

항상 입을 벌리고 있는 사람은 지능이 낮다

부비동염(副鼻洞炎)은 얼굴의 뼛속에 있는 몇 개의 빈 공간, 즉 부비동에 세균이나 바이러스가 침투하여 염증이 발생하는 질환이다. 흔히 축농증(蓄膿症)이라고 하는 이 병에 걸리면 코로 호흡할 수 없기 때문에 언제나 입을 벌리고 있게 된다. 언제나 입을 벌리고 있는 사람은 이처럼 콧병에 걸린 사람이거나 지능이 발달해 있지 않은 사람이다.

일그러진 입술

경우가 어느 쪽이든 이와 같은 사람은 끈기가 모자라기 때문에 성공하지 못한다. 코에 문제가 있는 사람은 빨리 치료해서 입을 다물 수 있도록 하는 것이 좋다.

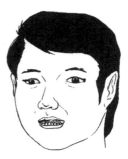

언제나 벌어져 있는 입

모나리자의 입은 인기 만점

세계에서 가장 유명한 초상화 중 하나인 레오나르도 다 빈치(Leonardo da Vinci, 1452~1519)의 걸작 '모나리자(Monna Lisa)'가 언제, 누구를 모델로 하여 그려진 것인지에 대해서는 정확하게 알려진 바가 없다. 어찌되었든 이 작품은 여인이 입가에 머금고 있는 신비스러운 미소로 세계인들의 마음을 사로잡는다.

모나리자의 입은 일그러진 입과는 반대로 입술의 양끝이 약간 치켜 올라가 있다. 그와 같은 상의 사람은 현대사회에서도 흔히 보게 되며, 여성의 경우에는 대개 행운을 얻게 된다. 남성의 경우도 탤런트 등 인기 직종의 사람들은 흔히 이런 입을 하고 있다. 이런 모양의 입은 사람들의 인기를 끄는 좋은 상이다.

인기를 끄는 모나리자의 입

극단적인 패구형의 입은 배우자운이 없다

입을 다물었을 때 일자형이 되거나 조개가 입을 다문 것처럼 패구형(貝口型)이 되는 것은 남성다운 상이다. 그러나 그것이 지나치게 극단적인 모양으로 되는 경우는 성격이나 성미가 까다롭고 남편이나 아내의 운이 없다.

독신자로서 이와 같은 사람은 가급적 마음을 넓게 가지고 밝은 표정을 짓도록 힘쓰면 운이 좋아진다.

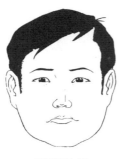
패구형의 입

일자로 입을 다무는 사람은 일만 아는 사람

일자로 힘껏 입을 다무는 사람은 젊은 시절부터 운명과 대결하며 오로지 일에 열중하는 사람으로 긴 세월에 걸쳐 노력함으로써 마침내 목적을 달성하게 된다. 일이 전부라고 생각하기 때문에 가족에게 있어서는 재미없는 사람이다.

아랫잇몸이 드러나는 사람은 마음이 차갑다

웃을 때 아랫잇몸이 나타나는 것은 상대방을 냉소하고 있는 상으로 간주된다. 마음이 차가운 사람에게 그와 같은 상이 많다. 남의 사정에 대해서는 그다지 신경을 쓰지 않는 자기중심적인 사람이다.

윗잇몸을 드러내지 않고 웃는 사람은 마음이 젊다

웃어도 윗잇몸이 드러나지 않는 상은 마음이 언제나 젊다는 것을 가리킨다. 좋은 상이다.

윗잇몸이 보이는 여성은 남성에게 약하다

웃을 때 윗잇몸이 크게 드러나는 여성은 남성에게 약한 모습을 보이며 무슨 부탁을 해도 쉽게 거절하지 못한다. 천성도 착실하고 지혜로운 면도 갖추고 있는데, 사안(事案)과 이유를 불문하고 남성의 유혹에는 쉽게 넘어가는 타입이다.

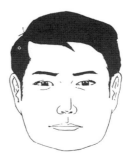

다물 때 일자가 되는 입

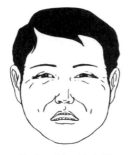

웃어도 우는 상의 입

웃어도 우는 상의 입은 속사정이
있다

웃는데도 입은 마치 울고 있는 것같
이 보이는 사람은 어떠한 병으로 고통
을 당하거나 혹은 생활고에 허덕이는
등 좋지 못한 상황 아래 있다고 보아도
무방하다. 웃을 때에는 입도 자연스럽
게 웃어야 좋은 상이라고 할 수 있다.

입술의 색깔을 보면 상대를 알 수 있다

① 담홍색의 입술 : 혈액 순환이 좋고 건강하다는 것을 가리킨
다. 심신이 모두 좋은 상태에 있으며 애정이 깊은 사람이라고
할 수 있다.

② 너무 붉은 입술 : 호흡기 계통의 병에 주의할 필요가 있다.
또한 색(色)을 지나치게 밝히면 고난이 따르게 된다.

③ 검은 입술 : 소화기 계통이 나쁘거나 마음에 사념(邪念)이
있음을 가리키고 있다. 가정운도 좋지 않은 흉상이다.

④ 검붉은 입술 : 산소 부족을 가리킨다. 심장에 질환이 있으면
청색증(靑色症), 흔히 시아노제(cyanosis)라고 하는 증상 때문에
입술이 검붉게 된다. 혹은 만성병을 가리킨다.

금전운이 나쁘며, 여성의 경우에는 자식운이 없다.

⑤ 푸른빛을 띤 입술 : 냉담한 성격 또는 쉽게 화를 내는 성격이
다. 급병에 걸리거나 생활에 곤궁을 겪기도 한다. 그다지 좋은
상은 아니다.

⑥ 창백한 입술 : 혈액 순환이 나쁘다는 것을 가리키고 있다. 쇼크를 받거나 심한 추위 속에 있으면 입술이 창백해진다.

언제나 입술이 창백한 상태에 있는 경우는 심각한 어떤 병에 걸려 있을 가능성이 농후하다. 의사에게 신속히 검사를 받는 것이 좋다.

2) 법령

법령(法令)이란 코의 양 옆에서부터 입의 양끝에 걸쳐 새겨져 있는 주름살을 말한다. 법령은 관상학 용어이며 의학 용어로는 '구순구(口脣溝)'라고 하고, 일반적으로는 팔자(八字) 모양으로 생겼다고 해서 흔히 '팔자 주름'이라고 부른다.

법령은 그 사람의 사회적인 위치를 가리키는 것으로 지위가 확고해짐에 따라 뚜렷이 새겨지게 된다. 중년이 되어서도 법령이 얕게 새겨져 있는 사람은 사회적으로 인정받지 못했거나 생계에 곤궁을 겪는 경우가 많다.

깊은 법령은 생계의 독립을 가리킨다
법령이 뚜렷하고 깊게 새겨진 사람은 지위나 신분에 관계없이 독립된 경제생활을 영위하고 있는 사람이다. 성공한 사람 중에 법령이 얕은 사람은 거의 없다고 해도 과언이 아니다.

일반적인 법령의 위치

법령의 좌우가 가지런하지 않으면 불성실한 사람

법령의 좌우가 같은 모양으로 가지런하게 되어 있지 않은 사람은 직업에 대해서 열성이 부족하고, 당연히 그로 인한 성과도 신통하지 않다.

또 좌우 법령의 한쪽이 두 쪽으로 갈라져 있는 사람은 중년에 들어서서 직업을 바꾸거나 동시에 두 가지 직업을 가지게 될 상이다.

여성이 이러한 모양일 경우에는 재혼할 가능성이 있다.

법령 좌우가 다르거나 갈라져 있는 경우

법령이 입으로 흘러들어가는 사람은 생활고를 겪는다

법령의 아래쪽이 입으로 흘러들어가는 모양은 흉상이다.

이와 같은 사람은 생활고에 허덕이거나 질환으로 인해 충분한 영양 섭취를 하지 못한다. 먹을 것이 풍족하든 부족하든 아사(餓死)할 가능성이 높은 팔자이다.

입으로 흘러들어간 법령

법령에서 갈라져 나온 선, 다시 말해서 법령의 지선(支線)이 입으로 흘러들어가는 모양일 경우에도 생활고나 병고로 불운을 겪게 된다.

입으로 흘러들어간 법령의 지선

법령이 입에 붙어서 아래로 내려오는 사람은 초혼에 실패

법령이 입 양쪽 가까이에 붙어서 아래로 길게 이어져 내려오는 경우를 볼 수 있다. 그런가 하면 법령과 평행으로 된 주름 선이 입 가까이 접해 있는 경우 또한 볼 수 있다.

두 경우 모두 혼인생활이 평탄하지 않으며, 더 나아가 오래 지속되지 못함을 가리키는 상이다.

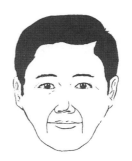

입에 붙어서 아래로 내려온 법령

요즘에는 법령, 즉 팔자 주름이 지나치게 깊게 패였거나 좌우가 불규칙해서 보기에 좋지 않을 경우 여러 미용요법이나 치료술, 성형수술 등을 통해 개선 및 교정이 얼마든지 가능하다.

운명은 타고나는 한편 스스로 개척하고 만들어갈 수도 있는 것인 만큼 불운의 전조(前兆)를 나타내는 법령은 미리 고치는 편이 현명하다.

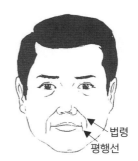

법령
평행선

입에 붙어 있는 법령의 평행선

입을 에워싼 법령은 만년에 배우자와 이별

입을 둥글게 에워싸고 있는 법령은 만년에 부부가 이별하게 되거나, 고독하게 살아가게 될 가능성이 높음을 가리킨다.

입을 에워싼 법령

3) 치아

치아와 입은 불가분의 관계이다

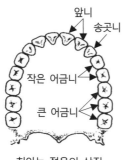

치아는 젊음의 상징

치아와 입은 떼려야 뗄 수 없는 불가분의 관계이다.

치열이 고운 사람은 다른 부분에 다소의 결점이 있어도 남에게 좋은 인상을 주며 운도 좋은 법이다. 치아가 빠진 사람이 의치(義齒)를 해 넣으면 십 년은 더 젊어 보인다. 그런 점에서 치아는 행운과 젊음의 상징이라고 할 만하다.

치아를 보고 상대를 아는 방법에도 여러 가지가 있다.

좋은 인상을 주는 반듯한 치열

출치인 사람은 수완가이지만 색정적이다

입을 다물려고 해도 잘 다물 수 없을 만큼 앞니가 길게 튀어나온 것을 출치(出齒)라고 한다.

출치인 사람 중에는 소극적인 사람이 별로 없고 수완가인 사람이 많다. 말수가 적은 사람도 별로 없다. 그런 한편 색정(色情)에 얽힌 문제가 생기는 상이기도 하다.

출치

반치인 사람은 수다스럽거나 수완가

현재는 반치(反齒)나 출치(出齒)나 똑같은 뻐드렁니로 통하지만 본래는 다른 뜻으로 쓰였다. 반치는 앞니가 길고 젖혀져 있다. 이런 사람은 대개 수다스러운데 들을 만한 내용은 별로 없다. 또 이런 사람은 경솔한 면이 있고 비밀을 잘 지키지 못한다. 남의 비밀뿐만 아니라 자신의 비밀도 쉽사리 털어놓는다.

심하지 않은 반치는 일에 있어서 수완가이기도 하다.

여성의 덧니는 좋은 상

덧니가 난 어린이는 귀엽지만 어른인 남성에게 덧니가 있으면 어딘지 허술하게 보인다. 결단력이나 용기가 부족하고 남의 말에 좌우되는 사람이다. 그 때문인지 강한 성격의 여성과 맺어지는 경우가 많다.

반치

다만 여성의 경우는 덧니가 있더라도 턱이 빈약하지 않으면 좋은 상을 나타내고 남의 호감을 사게 되며 친구운이 좋다. 예능인으로서 성공하는 사람도 꽤 많다.

치아 사이가 벌어진 사람은 부모복이 없다

치아 사이가 벌어져 있는 사람은 부모나 형제, 친척과의 관계가 좋지 않고

여성의 덧니는 좋은 상

유년기에 병약했음을 나타낸다.

모처럼 일을 시작해도 중도에 포기하고 그만두는 경향이 많은 편이다. 금전운도 나쁘고 수입이 있다 할지라도 지출이 많기 때문에 늘 어렵게 지낸다.

치아 사이가 심하게 벌어진 사람은 거짓말을 일삼는 경우가 많다.

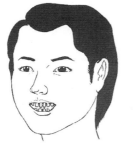
사이가 벌어진 치아

4) 턱

턱은 의지력을 나타낸다

턱에는 그 사람의 의지력, 만년운, 주거운, 가정운, 애정운, 자식운 등이 나타나 있다.

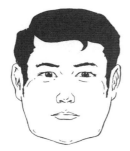
의지가 강함을 느끼게 하는 턱

어느 지방의 정치가 중에 박력이 약한 사람이 있었다. 그는 관상학 전문가의 권유를 받아들여 턱이 단단하게 보이도록 성형수술을 했는데, 그 결과 이전보다 훨씬 박력 넘치는 인물이 되었을 뿐만 아니라 믿음직스럽다는 말을 듣게 되었다고 한다.

외모의 변화가 본인의 의식에 변화를 가져왔기 때문에 성격도 변했다고 할 수 있다.

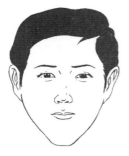
의지가 약함을 느끼게 하는 턱

풍부하고 둥근 턱인 사람은 도량이 크고 온화하다

턱에 늘어진 군살이 아니라 둥글고 풍부한 살이 붙어 있는 사람은 도량이 크고 침착하며 온화한 인품이다.

남을 잘 보살펴주고 많은 사람의 신망을 얻어 큰일을 하는 사람이라고 할 수 있다. 아내운도 좋고 만년에는 크게 성공한다. 여성으로서 이런 사람은 현모양처로 남편이나 시부모와의 사이도 원만하다.

남녀 모두 상사나 부하에게 신뢰를 받는 좋은 상이다.

턱이 뾰족한 사람은 고상한 취미의 소유자

턱이 뾰족한 사람은 예술 같은 고상한 것을 좋아하고 그 방면에서 성공할 때도 있다. 이런 상은 여성에게 많으며 남성에게는 드문 편이다. 가사(家事)나 육아 같은 것은 좋아하지 않고 잘하지도 못한다. 비교적 냉담한 성격이고 실생활에도 잘 어울리지 않는다.

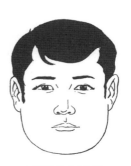

풍부하고 둥근 턱

남성으로서 이런 상의 사람은 샐러리맨이 어울린다. 독립했을 경우 실패할 확률이 높다.

턱이 네모난 사람은 이성의 정도에 따라 상이 다르다

살집이 엷고 네모난 턱은 남성에게서

뾰족한 턱

많이 보인다. 이런 사람은 이성(理性)의 강약 정도에 따라 상이 다르다. 이성적인 사람은 곤란을 극복하고 신념을 관철하는 남성다움이 넘친다. 한편 이성이 부족한 사람은 매사에 집착하고 고집이 세며 난폭하게 행동하므로 남에게 혐오감을 준다. 여성으로서 이런 사람은 부지런하지만 여성다움이 부족하다.

이성의 강약 정도는 종합적으로 상을 보고 판단한다.

턱이 빈약한 사람은 자기중심적이며 불운

턱이 빈약한 사람은 정이 부족하며 금방 자포자기하는 성격이다. 자신의 일만 중요하게 생각하며, 남에게 은혜를 입어도 갚으

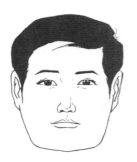

려고 하지 않는다. 말하자면 약게 구는 사람으로서 남을 위해 수고하는 경우가 없다. 따라서 좋은 친구나 부하도 없으며 만년이 불운하다.

그리고 이런 상이라도 입술이 두터우면 얼마간 나쁜 면이 보완되지만, 입술이 얇은 편이라면 냉혈한이라고 보아도 무방하다.

네모난 턱

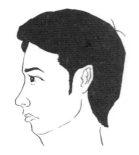

빈약한 턱

턱 중앙이 우묵하게 파인 사람은 정열적

턱의 중앙이 우묵하게 파인 상은 떡 벌어진 체격을 한 사람에게서 많이 볼 수 있고, 가냘픈 체격이나 뾰족한 턱을

한 사람에게서는 잘 볼 수 없다. 이런 사람은 매사에 쉽게 감동하는 편이며, 한 가지 목표를 정해놓고 정열적으로 돌진한다. 평생 젊음의 싱싱함을 잃지 않는 사람이고, 예술가나 예능인에게서 흔히 볼 수 있는 상이다.

또 이런 사람은 비즈니스맨이 되어도 자신의 적성에 맞는 업무를 찾으면 유능한 인재가 될 수 있다.

우묵하게 파인 턱

초승달처럼 턱 윗부분이 움푹 파인 사람은 자신감이 넘친다

초승달처럼 턱 윗부분이 움푹 파인 사람은 어느 정도의 지위에 오르게 되면 권력에 의해 남을 억누르려고 한다. 남에게 냉소를 보내거나 골려주려고 하는 면도 있다. 뜻하지 않은 적을 만들기도 하지만, 동시에 자기편도 만드는 사람이다. 능력도 있고 자신감에 넘쳐 행동하기 때문에 보통 수단으로는 잘 휘어 잡히지 않는 유형의 사람이다.

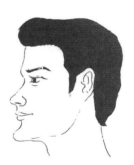

초승달처럼 움푹 파인 턱

이중 턱인 사람은 밥걱정이 없다

통통하면서 이중으로 된 턱을 가진 사람은 마음이 넓고 여유에 차 있으며 작은 일에 구애받지 않는다.

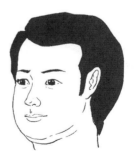

이중으로 된 턱

이런 사람은 금전운이 좋고 특별한 재산이 없어도 생활에 여유가 있어 흡족한 나날을 보낸다. 또 이런 사람에게는 좋은 친구나 친지가 있어서 알게 모르게 지원도 받는다.

턱이 작은 사람은 만년에 불운

턱이 작은 사람은 치기가 남아 있어 어른으로서의 자각 정신이 부족하다. 주거가 불안정하고 애정생활이 무미건조하며, 만년에는 외로움을 겪게 된다.

운이 좋아서 한때는 성공하더라도 결국에는 실패에 이르러 재산 일체를 잃는 등 인생 막바지에 불우해질 수 있다. 따라서 턱이 작은 사람은 일찍부터 만년에 대비해야 한다.

작은 턱

턱이 울퉁불퉁한 사람은 자기고집이 강하다

턱이 울퉁불퉁한 사람은 부지런하고 노력파이지만 다른 사람과 협조하지 못한다. 이런 사람을 상사로 두면 언제나 일의 완벽을 요구하기 때문에 아무리 노력해도 칭찬을 받기 어렵다. 또 남성으로서 이런 사람은 아내와의 사이가 원만하지 않다. 울퉁불퉁한 턱은 중년 이후에 주로 나타나며, 젊은 사람에게서는 거의 볼 수 없다.

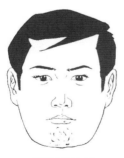

울퉁불퉁한 턱

턱이 긴 사람은 정에 약하다

턱이 긴 사람은 분별력이 있어서 주위사정을 잘 고려해서 행동하는 유형이다. 좋은 남편, 좋은 아버지로서 가족에 대한 애정도 깊다. 그러나 정에 약해 남의 사정을 지나치게 살피는 경향이 있다. 곤란한 처지의 여성을 동정해서 결혼까지 하더라도 정작 본인은 별로 후회하지 않는다.

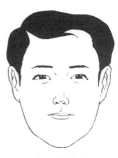

특별히 좋은 운이라고는 할 수 없지만 평온하고 원만한 가정을 꾸미고 행복한 인생을 보낼 상이다.

긴 모양의 턱

5) 뺨

볼의 살과 광대뼈는 상의 의미가 각각 다르다

단순히 '뺨'이라고 하면 눈 아래에서 턱에 이르는 범위의 부분을 가리키지만 손가락으로 만져보면 알 수 있듯이 뺨은 골격의 형태를 나타내는 부분과 살집의 상태를 나타내는 부분[볼]으로 구성되어 있다. 즉 뺨이란 광대뼈와 볼의 살을 함께 말하는 것으로 각각에 따라 상의 의미가 달라진다.

광대뼈는 사회에서의 활동력이나 경쟁력을 가리킨다. 심성질의 사람은 광

광대뼈   볼

광대뼈와 볼의 살로 이루어진 뺨

대뼈가 많이 발달해 있지 않으므로 고난에 맞닥뜨리면 일단 몸을 피하려고 한다. 영양질의 사람은 광대뼈를 살이 두텁게 덮고 있어서 사회에서의 경쟁을 부드럽게 받아들이는 것에 능숙하다. 근골질의 사람은 광대뼈가 많이 발달해 있기 때문에 가장 경쟁력이 강하다.

한편 볼의 상은 금전운, 자식운, 후배나 고용인의 운을 가리킨다. 볼의 살집이 풍부한 사람은 이러한 운이 좋고 볼의 살이 깎인 것처럼 얇은 사람은 이러한 운이 좋지 않다.

이상의 판단법만으로도 상대방의 특성을 파악할 수 있다.

볼의 살이 풍부한 사람은 금전운이 좋고 인기인

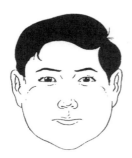

볼의 살이 풍부한 사람

볼의 살이 빈약한 사람

볼의 살이 풍부한 사람은 금전운이 좋은 데다 대중의 인기를 얻게 된다. 이런 상은 몸매가 뚱뚱하거나 날씬한 것과는 관계없이 나타난다. 볼에는 살이 풍부한데 몸은 아주 가냘픈 사람들을 우리들은 주위에서 얼마든지 찾아볼 수 있다.

노인이 되어도 볼의 살이 풍부하게 유지되는 사람은 멋진 만년을 보낸다. 자신의 인생에도 성공하고 많은 사람의 신망도 얻을 수 있는, 좋은 운을 가진 상이다.

볼의 살이 빈약한 사람은 인망이 적다

몸은 가냘프지 않아도 볼의 살이 빈약한 사람이 있다. 이런 사람은 인망(人望)을 쌓기 어렵다. 꼼꼼한 성격으로 부지런하지만 일밖에 모르기 때문에 재미는 없는 사람이다. 손님을 접대하거나 인기인의 직업은 맞지 않고 기사(技師), 학자, 참모 등으로 특성을 살릴 수 있다. 여성의 경우는 애정운이 좋지 않다.

광대뼈가 뻗쳐 나와 있는 사람은 생활력이 강하다

광대뼈가 뻗쳐 나와 있는 사람은 경쟁력이 강하고 생활력도 왕성하다. 이런 사람은 차별대우를 당하는 경우에 처해도 강한 신념을 잃지 않고 노력을 거듭함으로써 마침내 성공에 이른다.

광대뼈가 높게 뻗쳐 튀어나와 있는 사람 중에서 몸싸움에 능한 타입을 흔히 볼 수 있다.

광대뼈가 뻗쳐 나온 사람

남성의 보조개는 흉상

남성으로서 보조개가 생기는 사람은 다소 남성다움이 부족하고 나약한 면이 있으며, 눈이 높아서 초혼은 미인을 아내로 맞기도 하지만 이내 파탄을 당하기 쉽다. 또 이런 사람은 달리 애인을 숨겨두기도 한다.

여성으로서 보조개가 생기는 사람은

보조개가 생기는 사람

일찌감치 인기를 끌게 되며, 자유분방한 성격이기 때문에 그다지 가정적은 아니다.

대중의 인기를 필요로 하는 직업을 가지면 성공하지만, 사실상 보조개는 남녀 모두에게 썩 좋은 상은 아니다.

2부
몸으로 보는 관상법

1. 체 형

1) 체형의 3가지 기본형

인간 판단법에서는 사람의 체형을 다음의 3가지 타입으로 분류한다.

① 심성질(心性質) : 정신형(精神型)

② 영양질(營養質) : 비만형(肥滿型)

③ 근골질(筋骨質) : 투사형(鬪士型)

그러나 모든 인간을 이처럼 3가지 타입으로 명백하게 나눌 수 있는 것은 아니다. 실제로는 이 3가지 타입이 서로 뒤섞여서 다시 몇 종류의 혼합 체형으로 구분되기 때문이다.

예를 들어 심성질 70%에 근골질 30%라는 비율의 체형을 하고 있는 사람도 존재하며, 영양질과 심성질이 대체로 50%씩 섞여 있는 사람도 있다. 혹은 세 가지 타입의 특성이 신체 각 부위에 나타나 있는 경우도 있다. 사실상 세상에는 이와 같은 혼합 체형의 사람이 대부분이다.

따라서 심성질 · 영양질 · 근골질의 구분은 어디까지나 기본적인 체형 분류라고 생각해야 된다. 물론 개중에는 이와 같은 세 가지 체형 가운데 어느 한 가지 타입을 그대로 빼닮은 사람도 있다.

그럼 이 기본적인 체형을 가진 사람의 성격이나 운명은 어떻게 정해져 있을까? 이를 먼저 알아야만 혼합 체형의 사람에 대한 판단도 가능해짐은 당연지사다.

2) 심성질

가냘픈 체형, 처진 어깨

심성질의 사람은 머리 부위가 전신에 비해 약간 큰 편이다. 신체는 가늘고 얼핏 보기에 가냘픈 인상으로 운동을 해도 근육이 잘 발달되지 않으며 먹어도 살이 찌지 않는다. 어깨는 처진 편이며 남성이라도 여성 같은 느낌을 준다. 얼굴은 역삼각형이거나 계란을 거꾸로 세워 놓은 것 같은 형이며, 이마가 넓고 턱이 가늘고 뾰족한 얼굴이다. 수염이 짙지 않은 사람이 많다. 첫인상은 온순하고 약간 쓸쓸한 느낌이다.

육체노동에는 적합하지 않은 체형이며, 또한 육체노동을 경멸한다.

고독을 즐기는 성격

심성질의 사람은 그렇게 사교적인 타입은 아니다. 혼자 독서하거나 자신이 하고 싶은 일에 열중하는 것을 즐기는 성격이다. 대체로 정직하며 일을 정확히 처리한다. 주변을 항상 청결히 하는 것을 좋아한다. 그 때문에 마음속으로는 단정하지 못한 사람을 싫어한다.

한편 사물을 통찰하는 능력이 뛰어나기 때문에 일에 착수하기도 전에 무의미함을 느껴 실행력이 떨어지는 면도 있다. 일을 모두 자신의 두뇌로만 처리하려는 타입이다. 또 남에 대해서는 재빠른 인물 평가를 하거나 결점을 발견하지만 반대로 남이 자신에 대해 악평하면 쉽게 상심한다. 대체로 판단력과 비판력이 날카로우며 연구 등에 전념하는 것을 좋아하는 타입이다.

두뇌 노동이 천직

심성질의 사람은 세일즈에는 적합하지 않다. 사무직이 어울리며, 특히 기획·입안·조정 등의 직업이 적합하다. 다만 밖으로 돌아다니면서 조정하는 일은 체력이 따라주지 못하기 때문에 감당하지 못한다. 역시 자료실 같은 곳에 들어앉아서 서류상의 조정을 하는 편이 적합하다. 또 상대방과 교섭할 때는 억지나 뱃심으로 밀어붙이는 것이 아니라 이치를 따져서 진행하는 타입이다.

머리가 좋고 끈덕진 이런 타입의 사람 중에는 젊어서 두각을 나타내는 사람이 많다. 사람 위에 서더라도 인품이나 포용력에 의한 것이 아니라 명석한 두뇌로 존경을 받으며 리더로 추대되는 경우가 허다하다.

이런 타입의 사람은 관공서에 근무하거나 대기업의 비즈니스맨·학자·연구자 등 그다지 영업과 관계없는 분야에서 자신의 과제에 전념할 수 있는 직업이 좋다. 위치에 따라서 유능함을 발휘할 수 있다. 그 밖에는 공예 분야 등 예술적인 방면의 직업이 적당하다.

노이로제 체질

심성질의 사람은 체질이 그렇게 튼튼하지 않다. 위장병이나 불면증, 신경성 노이로제에 걸리기 쉽다. 마음이 조급해지기 쉬운 타입이기도 하다. 호흡기 계통의 병에 주의할 필요가 있다.

만년이 불우하다

심성질 체형은 두뇌가 명석하기 때문에 젊어서 출세하는 사람이 나타난다. 관공서, 기업, 단체 등에서 출세하려면 앞에서 설명한 성격상의 단점을 보완하도록 노력해야 한다. 대체로 젊어서는 좋지만 40대 이후는 별로 좋지 않고 얼굴의 형이 나타내듯 '점점 쇠퇴'하는 운명으로 된다.

젊어서 관료가 되고 정계에 들어가서도 두각을 나타내어 '차기의 지도자'로 주목되었다가도 햇수를 거듭함에 따라 빛을 잃는 사람이 있다. 이런 사람은 체력이 따르지 않는데다 재능은 넘치지만 덕이 부족하기 때문에 사람이 붙지 않는다. 이런 타입의 사람이 지닌 결점인 것이다. 이런 타입은 40대나 늦어도 50세까지는 확고한 지위나 재산을 이루어놓을 필요가 있다. '대기만성'과는 정반대의 운명이라고 알면 된다.

3) 영양질

모두가 둥글둥글한 체형

영양질의 사람은 전신에 살이 붙고 뚱뚱하다. 심성질과는 정반대의 체격이다. 어깨나 가슴보다도 몸통 둘레 쪽이 더 살집이 좋다. 단단한 느낌이 아니라 둥글둥글하다. 머리칼은 부드럽다. 이런 타입의 사람은 많이 먹지 않아도 살이 찌는 경향이 있다. 얼굴형은 물론 눈이나 턱도 둥글둥글한 사람이 많고, 소탈하고 따뜻하며 쾌활한 인상을 준다.

반면 이야기가 애매하고 줄거리가 일관되지 않는 느낌을 주는 경향이 있다.

"싫다"는 말을 못하는 호인

고독을 참지 못하고 언제나 남과 사이좋게 지내기 때문에 교제의 범위가 넓고 명랑한 성격이다. 그러나 약간 경솔한 데도 있다. 형식이나 관습에 구애받는 편이 아니기 때문에 행동이나 판단은 실리적이고 실질적이다.

남을 동정하고 협동심이 몸에 배어 있으며, 남과의 트러블을 가급적 피하려 들기 때문에 적이 많지 않다. 그런 반면 남을 의심하지 않고 보증을 서 주거나 남에게서 어떠한 부탁을 받으면 "싫다."는 말을 하지 못하고 받아들여 큰 손해를 입는 경우가 생긴다.

사물에 열중하기 쉽고 냉정해지기 쉬운 타입이다. 어제 한 말과 오늘 하는 말이 달라져 있거나, 매일같이 기분이 달라지기도 한다. 본인은 나름대로의 이유를 생각하고 이치에 맞추려고 하지만 곧 들통 나고 만다. 그래도 남들은 미워할 수 없는 호인이라고 생각한다.

모든 일을 지레짐작하거나 제멋대로 판단하는 경향이 있기는 하지만 포용력이 뛰어나기 때문에 우수한 사람의 보좌를 받는다면 대성할 소질은 충분히 있다.

사람을 상대하는 직업이 적합하다

영양질 타입의 사람은 세일즈나 접객업이 적격이다. 단순한 사무에는 싫증을 내는 경향이 있다. 차분히 사전에 조사하고 기획, 입안하는 것보다는 순간적으로 떠오른 발상을 구체화하는 방면에 뛰어날 때가 많다. 인간관계가 원만하기 때문에 교섭하는 일에 두각을 나타낸다. 그러나 정에 약해서 거절하지 못하고 불리한 계약을 맺는 경우도 있다. 또한 상대방을 의심하지 않는 성격 탓에 거래처가 도산할 때까지 까맣게 모르고 지내는 실수를 범할 수도 있다.

남을 잘 보살펴주기 때문에 큰 그릇으로 평가되거나 성공하는 사람이 나오지만, 그 성공은 좋은 참모를 두고 있느냐 없느냐에 달려 있다. 정치가나 상사원(商社員)으로 일하거나 세일즈, 마케팅, 매스컴 등의 직업이 적합하지만 너무 형식적인 딱딱한 근무는 맞지 않는다.

이런 타입의 사람을 부하로 두었을 경우는 어느 정도의 자유를 허용해야만 실력을 십분 발휘한다. 너무 지나치게 통제하면 의욕을 상실하며, 방임하면 큰 실수를 저지를 수도 있다. 그러나 잘 이끌면 유능한 부하가 된다.

스태미나가 지속되지 않는 체질

영양질의 사람은 향락을 즐기기 때문에 폭음과 폭식에 주의할 필요가 있다. 대체로 소화기 계통은 튼튼하지만 혈관이나 심장의 병을 조심해야 한다.

일시적으로는 큰 힘을 내지만 스태미나가 쉽게 소진되는 체질이라고 할 수 있다.

정에 조심하라

싹싹하기 때문에 싫어하는 사람이 없고 성실하게 노력하면 서서히 출세할 수 있는 타입이다. 천성적으로 남을 잘 보살펴주고 동정심이 많기 때문에 자신도 모르는 가운데 사회생활에서 신용을 쌓게 되고 뜻하지 않은 장소나 사람으로부터 도움을 받는 경우가 있다. 중년과 만년이 좋은데 조심해야 할 것은 정에 빠져서 공사(公私)의 분간도 없이 직장에 폐를 끼치거나 남녀관계로 트러블을 야기하는 일이다. 그와 같은 문제로 일생을 그르칠 가능성이 높다.

또 싫증을 내기 쉬운 성격 때문에 직업을 자주 바꾸어서 성공하지 못한 채 인생을 마치는 경우가 종종 있다. 혹은 무슨 일이든지 잘 해내어 잠정적인 안정을 얻기 쉽기 때문에 작은 성공에 만족하고 그 이상의 노력을 게을리 하여 대성하지 못한 채 그 상태에서 멈춰버리는 경우도 있다.

이런 타입의 사람은 '집념'을 가지면 반드시 대성하지만 집념을 불태울 만한 끈기가 없다는 것이 문제다. 그 점을 깊이 자각하고 끈기와 지구력을 키워야 한다. 큰 목표를 세운 뒤 집념을 놓치지 않고 노력하면 대성할 수 있는 타입의 사람이다.

4) 근골질

보기에도 우람한 역삼각형의 육체

근골질의 사람은 전체적으로 떡 벌어진 체격이다. 어깨 너비가 넓고 몸통이 가늘며 역삼각형의 근사한 체형을 하고 있고, 가슴은 두텁다. 조금 과장하면 어느 정도 보디빌딩으로 단련한 육체를 상상하면 된다. 근육은 잘 발달해서 억세며 탄력이 좋다. 이런 타입의 사람은 단련하면 단련할수록 근육이 발달하는 법이다. 얼굴은 사각형에 가깝고 살은 많이 붙어 있지 않다. 그러나 심성질의 얼굴과는 전혀 느낌이 다른, 이른바 '턱뼈가 나온 얼굴'이다. 코는 높고 눈, 코가 다 크다. 수염은 짙고 머리카락은 부드럽지 않다.

경쟁심이 강하다.

근골질의 사람은 주위의 의견은 아랑곳하지 않고 자신이 믿는 바를 거침없이 실행한다. 투쟁심이나 경쟁심이 강하고 항상 남보다 한 걸음 앞서려는 정신을 가진 사람이다. 자존심도 세고 자신보다 뛰어난 사람을 보면 멸시당한 느낌을 받는다. 스포츠와 무도를 즐기며 남성다운 성격을 갖고 있다.

한 가지 목표가 설정되면 강렬한 집착을 품고 맞붙어 성취하는 사람이다. 그런 만큼 목적을 위해서는 수단을 가리지 않는 면이 있으며, 때로는 모험적인 책략을 쓰기도 한다. 사업이 도중에 어려움에 처해도 단념하거나 계획을 변경하지 않고 밀어붙이며, 뻔히 손해 볼 것을 알면서도 체면상 강행하는 경향이 있다.

따라서 사업이 순조로우면 무방하지만 한번 그르치면 완전히 망할 때까지 계속하게 된다.

이런 타입의 사람은 장점이 곧 단점이 되는 성격을 지니고 있다. 남의 말을 받아들이지 않고 자기주장이 앞서기 때문에 교제에 능하지 못하다. 남에게 위압감을 주기 쉽고 친구나 친지의 덕이 없다. 그러나 협동심을 기르기만 한다면 뛰어난 리더가 될 수 있다. 혼자 힘으로 크게 성공하는 사람도 이런 타입에 많다.

상하관계가 엄격한 직장이 적합하다

근골질의 사람은 군인, 경찰관, 소방관, 교도관, 경비원, 무술인, 스포츠맨, 체육교사 등의 직업이 적합하다. 비즈니스맨으로서도 책임감이 강하며 유능하다. 다만 남과 협조하는 것이 서툴며 상사의 말에도 반발하는 면이 있으니 이런 타입의 사람을 부하로 두었을 때는 명령하는 투보다는 의논하는 투로 말하면 기꺼이 협력한다.

이런 타입의 사람은 좀처럼 뇌물 같은 것은 받지 않으나 그런 만큼 융통성이 없다고 보아도 무방하다. 관공서의 관리가 될 경우는 '성가신 사람'이라는 평을 듣고 동료나 상사에게 기피 대상이 되기 쉽다. 독단적인 독재형이지만 때때로 그 결단력에 의해 일을 성공적으로 이끌 경우도 있다.

또 이런 타입의 사람은 상하 관계가 분명한 직업이 적합하다. 군대처럼 명령과 복종의 관계가 절대적인 조직 속에 있으면 도리어 명령 받는 것에 저항감을 품지 않게 된다. 봉급의 많고 적음을 크게 문제 삼지 않고 업무 달성을 위해 전심으로 일하는 타입이기 때문에, 기업체나 단체에서 없어서는 안 될 중견간부가 되는 경우가 많다.

호미로 막을 것을 가래로 막는다

근골질의 사람은 본디 딱딱한 몸을 운동으로 푸는 경향이 있어 관절을 상할 우려가 많다. 체력은 대체로 튼튼하지만 한번 열중해서 일을 하면 다른 모든 것을 잊어버리는 성격이기 때문에 작은 병으로 그칠 일을 큰 병으로 키울 수도 있다.

만년의 생활은 안정되지만 고독하다

근골질의 사람은 의지와 체력이 강하고 노력하는 것을 당연하다고 생각하기 때문에 20대부터 시작해서 50대 중반까지 사회적으로 충분히 활약하고 어느 정도의 지위나 재산을 이루는 경우가 많다. 다만 체력이 있는 동안은 사람도 따르지만 만년은 별로 좋지 않으며, 인생의 고독을 맛보게 된다. 퇴직하면 과거의 부하 중 찾는 사람이 거의 없게 되어 외로움을 느낀다.

주변과 원만한 인간관계를 이루지 못한 채 힘으로만 남을 리드해 온 탓에 만년이 되어 역효과를 가져오게 된다. 관청이나 기업에 있을 때는 나는 새도 떨어뜨릴 만큼 기세 좋은 수완가였지만, 정년과 동시에 사회로부터 배척을 받아 갑자기 늙어버리는 경우가 많다. 다시 취직을 한다고 해도, 그곳에서는 신참이면서도 과거의 영광만을 되뇌기 때문에 배척당하는 경우도 이런 타입에 많다.

만년에 닥칠 일을 생각하여, 주위의 사람들을 돌보고 키워주는 덕을 일찍부터 쌓지 않으면 안 된다. 능력이 없다고 따돌리는 등으로 부하나 동료를 경멸해서는 안 된다. 사람에게는 누구나 나름대로의 장점이 있기 때문이다. 따라서 이런 타입의 사람은 남의 장점을 발견하는 데 힘써서 대인관계를 잘 유지할 필요가 있다. 그만한 도량을 가진 사람이면 만년의 고독은 없게 된다.

이상이 심성질, 영양질, 근골질의 세 가지 기본 체형의 특징이다. 이 세 가지 체형에 대해서 잘 알고 있는 것만으로도 인간을 어느 정도 판단할 수 있을 것이다. 그러나 사람의 체형은 이 세 가지 타입이 혼합되어 있는 경우가 훨씬 많다는 것도 동시에 알아두어야 한다. 그리하여 장점은 살리고 단점은 시정함으로써 진보할 수 있게 되는 것이다.

5) 진희이의 14가지 인간상

《신상전편(神相全編)》은 중국 송나라 시대의 관상학 대가 진희이(陣希夷)가 저술한 것이다. 이 책에서 분류하고 있는 인간의 14가지 상은 사람이 지닌 모든 기본상을 나타내고 있다고 해도 과언이 아닌 만큼 참고하기 바란다.

후상(厚相)

후상의 얼굴은 전체적으로 유연한 느낌을 풍기며, 커다란 포용력을 보여준다. 눈썹 모양이 위상의 것과 전혀 다르다. 귀가 크고 뺨이 풍부하다. 이마의 상태는 넓고 풍부하다.

　이런 상을 한 사람이 재상이 된다면 무력으로 대중을 억압하는 식의 정치를 펴는 일은 없다. 법률도 그다지 엄하게 시행하지 않으며 도덕을 바탕으로 한 정치를 추구할 것이다.

청상(淸相)

　청상이란 맑고 기품이 있는 심성을 나타내는, 이른바 인격이 고상한 사람의 상을 말한다. 얼굴에 사심이 없고 사물을 바르게 직시하려는 마음가짐이 엿보이는 상이다.

　위상의 얼굴과 얼마간 닮았지만 눈썹 모양에 분명한 차이가 있으며, 전체적으로 위상의 얼굴보다는 훨씬 부드럽다. 위상의 재상이 무력에 의해 나라를 다스린다면 이런 상의 재상은 문치주의(文治主義), 즉 '법'을 정하고 '법'에 따라 백성을 공정하게 다스리는 데 힘쓸 것이다.

후상

　이상주의자 또는 휴머니스트의 상이라고 할 수 있다.

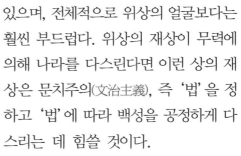

고상(孤相)

　고상의 그림은 고독한 인생을 보내는 상을 나타내고 있다.

　대머리는 머리 꼭대기까지 벗겨지고 수염이 자라도 깎지 않고 내버려두어

청상

듬성듬성한 모습이 실로 지저분한 느낌을 준다. 이마의 짧은
주름살도 더더욱 고독한 느낌을 더하며 과연 불운한 사람답게
미간을 잔뜩 찌푸리고 있다.

좋은 상의 그림에 비하면 표정은 어둡고 귀의 생김새도 좋지
않다. 고독하게 되었기 때문에 이와 같은 상이 되었다기보다는
이런 상 때문에 고독하게 되었다고 생각할 만하다. 편벽하고
비굴한 성격 탓에 고독하게 된 사람이다.

박상(薄相)

박상은 인덕도 행운도 희박한 사람의 상이다. 재능은 있어도
인덕이 따르지 않기 때문에 인망(人望)
을 얻지 못한 채 일을 마치는 사람의
상이라고 할 수 있다.

고상(孤相)

재능이 있는 만큼 하급관리나 학자
등으로 어느 정도의 지위를 얻기는 해
도 크게 되지는 못한다. 관청의 허인가
(許認可) 담당계원 등에 흔히 이런 상의
사람이 있으며, 여러 가지로 번거로운
말을 하거나 존대하는 태도를 취하기
도 한다.

만약에 남편이나 아내에게 이와 같은
상의 사람이 있다면 그 가정은 어둡고
좋은 일이 없을 것이다. 전형적인 '울
상'이다.

박상

고상(古相)

고상의 사람은 매우 보수적인 성격으로 '낡은 것은 모두 좋고, 새로운 것은 모두 나쁘다.'는 신념의 소유자다.

사람은 나쁘지 않으며 재능도 있지만, 완고하고 사치에 등을 돌린 사람으로 어찌할 도리가 없다. 자식의 연애결혼을 인정하지 않아 그 자식이 끝내 정신병자가 되거나 자살하게 만든 부모 이야기가 세상에 떠돌아다니는데, 그런 사람들은 대개 이런 상을 가지고 있다.

가정에서는 독재적으로 행동하는 타입이다. 짱구머리로 광대뼈가 튀어나오고 코가 찌그러진 얼굴 생김새는 보기에도 완고하다. 무슨 일이 생겨도 꿈쩍하지도 않을 느낌을 준다.

고상(古相)

위상(威相)

위상은 임금이나 재상에게서 볼 수 있는 상으로서 언뜻 보기에도 범접하기 어려운 위엄을 갖추고 당당한 풍모를 지니고 있다.

눈썹·눈·코 등이 무게 있어 보이고, 위엄은 있되 사납지 않고 인(仁)과 위(威)를 겸해서 갖춘 얼굴 생김새다. 웃으면 세 살짜리 어린아이도 따르고, 화를 내면 십만 대군조차 떠는 그런 사람이다.

위상

악상(惡相)

그림의 악상은 현대의 이미지가 아닌, 삼국지나 무사들의 이야기에 등장하는 그런 악인의 상이다. 생각이 단순하고 걸핏하면 폭력부터 휘두르는 산적 같은 사람의 상이다. 검은 눈동자가 작고 위쪽으로 치우쳤으며 좌우와 아래쪽에 흰자위가 많은 삼백안(三白眼)이며 광대뼈가 높다. 하찮은 일에 반항심을 내세우고 악의 길에 들어선, 성질이 고약한 사람의 표정이 그림에 나타나 있다. 인품도 천하고 지성을 갖추지 못한 상이다. 악은 악이지만 세상을 시끄럽게 할 대악인이 아니라 차라리 미련한 사람의 상이라고 할 수 있다.

속상(俗相)

하루 노동하여 저녁에 일당을 받으면 대폿집에 들러 한 잔 술을 들면서 큰 소리로 자기 자랑을 늘어놓거나 사소한 일에 눈초리를 곤두세우고 남을 헐뜯는 것으로 만족하는 사람의 상이다. 재물도 모이지 않고 좋은 운도 없지만 열심히 일하면 그럭저럭 생활은 할 수 있다.

악상

여윈 볼과 튀어나온 턱, 이마에 새겨진 가로세로의 주름살, 슬픔이 깃든 눈길 등은 남의 위에 한 번도 서보지 못한 채 밑바닥 인생으로 끝날 운명을 나타낸다.

속상

부상(富相)

천성적으로 부귀한 상이며 또한 본인에게 덕이 있음도 나타내고 있다. 마음먹고 하는 일마다 모두 성공하는 상이다. 얼굴은 '웃는 상'(13, 14쪽 참조)을 하고 있으며 볼의 살이 풍부하고, 턱은 둥글면서 넓은 훌륭한 풍모이다.

이런 상에서는 입신출세가 아니라 태어나면서부터 성공을 약속받은 운이 잘 나타나 있다. 눈썹과 눈썹 사이, 눈과 눈썹 사이가 각각 넓은 것도 좋은 상의 조건을 충족시키고 있다. 고금의 대부호들 중에서 이와 같은 상의 사람을 많이 볼 수 있다.

부상

귀상(貴相)

고귀한 가문에서 태어났음을 나타내는 상이다. 때로는 드물게 보통 집안에서 태어나면서도 천성(天性)의 귀상을 나타내는 사람도 있다. 그와 같은 사람은 조상에 귀인이 있고 그 혈통을 이어받은 것으로 해석된다.

얼굴 모양은 얼마간 길쭉하고, 눈썹이며 눈·입술에 귀품이 떠돌고 있다. 중국의 황제에게 보였던 상이며, 황족이나 귀족에게서 이와 같은 고귀한 얼굴 모습을 볼 수 있다. '가문보다 환경'이라고 하지만 기품만은 가문의 전통을 이어받는다고 할 수 있다.

귀상

빈천상(貧賤相)

인품이 나쁜 편도 아닌데 어쩐 일인지 일생을 가난에 쪼들리는 운을 지닌 사람이다. 가령 거액의 복권에 당첨되어도 즉시 누구에게 도둑맞거나 사기를 당해서 잃게 된다. 좋은 직장에 취직해도 오래가지 않거나 회사가 파산해서 이내 실직하게 된다.

여윈 볼, 튀어나온 턱, 어지럽게 털이 난 이마 언저리, 작은 귀, 내버려두고 깎지 않은 수염, 매우 약하게 보이는 눈썹, 어느 것 하나 좋은 곳이 없다. 이런 상을 가지고는 무엇을 해도 성공하지 못하며, 주변 사람들의 운까지도 나쁘게 한다.

고고상(孤高相)

남을 믿지 않고 스스로를 고독으로 몰아넣는 상이다. 머리는 나쁘지 않으며 재능도 있으나 시의심(猜疑心)이 강하다. 자기와 가까이 지내려고 하는 사람을 '달콤한 말 뒤에 흉계를 품고 있다.'는 식으로 오해하여 친구가 되지 못한다. 남성으로서는 아내를 얻지 못하고 일생을 고독한 가운데 보낸다.

빈천상

만년에 자신의 잘못된 인생을 깨닫고 후회하기 때문에 더욱 괴롭게 된다. 의심 많은 눈, 이마의 어지러운 주름살, 역삼각형 얼굴, 여윈 뺨 등이 고독하고 쓸쓸한 인생을 나타내고 있다.

고고상

수상(壽相)

수상의 사람은 장수를 누린다. 긴 눈썹, 단단한 얼굴 모습은 강건함을 나타내고 건실한 골격도 상상케 한다. 눈에는 힘이 있으며 의지도 강고함을 보여준다. 그림의 얼굴은 절대로 비만형이 아니다. 눈썹과 눈썹 사이가 넓다는 것은 낙천적인 성격을 나타내고 굳게 다문 입술은 만만찮은 사람임을 나타내고 있다.

현실생활에 마음 편히 지내면서도 중요한 일에는 주의 깊게 처신하고 하늘에서 부여한 장수의 기질을 끝까지 살릴 타입의 사람이다.

수상

요상

요상(夭相)

오래 살지 못하는 운을 지니고 있다. 눈썹과 눈썹은 이상하게 붙어 있고 코 모양은 나쁘며, 입술에도 힘이 하나도 없고 턱은 거의 발달해 있지 않다. 이마는 여성 같은 둥근 모양으로 되어 있어 남자답지 않은 성격을 나타내고, 귀 모양에서는 복운과 인연이 없음을 알 수 있다. 절대로 머리는 나쁘지 않으나 천성적으로 기력과 체력이 빈약하고 섭생도 불충분한데다 밤놀이나 밤샘을 시정하지 못한 채 요절하는 사람이다.

흉상은 모두 '울상'이다. 요상도 전형적인 울상을 짓고 있다.

2. 신체의 여러 부분

1) 목

인간은 목부터 늙는다

　인류는 직립보행(直立步行)을 할 수 있게 되고 나서부터 자유롭게 양손을 써서 불을 취급하고 도구를 만드는 등 문명의 기초를 쌓았다. 그러나 그 직립보행은 무거운 머리를 몸의 정점에 세우고 행동하는 것이기 때문에 다른 동물에 비해 머리를 받치는 목이나 어깨에 어느 정도 부담을 주게 되었다. 그리고 그 결과는 목과 어깨의 근육이 뻐근하고 아픈 증세로 나타난다. 또한 상체 전부를 받치는 허리에는 요통(腰痛)이 나타나는데 이는 사람에게만 있는 병이다.

　직립생활에서의 부담 탓에 인간은 목부터 나이를 먹어간다. 젊은 사람의 목을 보면 반들반들 윤이 나고 팽팽하지만 나이가 들수록 피부는 늘어지거나 처지고 주름살이 자리 잡기 시작한다. 목덜미가 마치 코끼리의 가죽처럼 변한 노인도 간혹 볼 수 있다. 목의 상태는 그 사람의 노화(老化) 정도를 한눈에 보여주는 것이다.

목
(머리를 받친다)

허리
(상체를 받친다)

목은 노화의 척도

목이 굵고 팽팽한 사람은 호감을 준다

목이 굵지만 살이 찌지 않고 팽팽한 사람은 건강하다는 증거이며, 또 사람들에게 호감을 준다. 목에 한 줄이나 두 줄의 가로 주름살이 나 있으면 더욱 좋다. 아폴로 신(神) 같은 목이 좋은 것이다.

목이 야무진 데가 없이 굵은 사람은 게으르다

목이 굵고 뒤룩뒤룩 살이 찐 사람은 게으르거나 무슨 병이 있는 것으로 볼 수 있다.

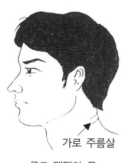

가로 주름살
굵고 팽팽한 목

목이 길고 살집이 좋은 사람은 예술가 타입

목이 길고 살집이 좋은 사람은 매사에 있어서 분별력이 뛰어난 상식가(常識家)이다. 예술이나 문학에 소질이 있고 센스가 좋다. 취미가 고상하고 견실한 사람이다.

목이 가늘고 빈약한 사람은 체력이 약하다

목이 가늘고 살집도 나쁜 사람은 체력이 약하고 정력도 나쁘다. 신경도 민감하며 자기 힘으로 세상을 이겨나가는 기력이 부족한 사람이다.

길고 살집이 좋은 목

목이 짧은 사람은 터프한 리더

목이 짧은 사람은 정력이 좋고 리더로서 대중을 지도할 능력을 갖추고 있다. 터프하고 강인한 면이 있는 소위 보스 형의 성격이다. 섬세한 일에는 적합하지 않다.

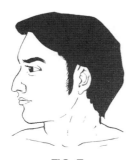

짧은 목

목이 가늘고 머리가 큰 사람은 신경질적인 타입

무거운 머리를 가냘픈 목으로 받치고 있는 사람은 콘크리트 집을 가느다란 통나무로 받치고 있는 것 같은 불균형으로 무리를 주고 있기 때문에 언제나 어깨가 쑤시고 불쾌한 기분이 오래 지속되며 노이로제에 시달리기 쉽다. 사람은 극단적으로 몸이 약해지면 목을 세울 수 없게 된다.

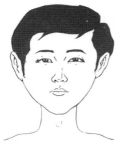

머리가 크고 가느다란 목

2) 어깨

어깨는 권력의 상징

어깨는 사람의 기분이 잘 반영되는 곳이다. 사람이 우울할 때는 어깨를 숙이고 축 늘어뜨린다. 반대로 즐겁거나 자랑하고 싶을 때는 어깨를 펴고 으쓱거리게 된다. 또한 어깨는 그 사람이 갖고 있는 힘을 드러내기도 한다. 사실상 어깨는 권력의 상징이라고 해도 과언이 아니다.

어깨가 넓고 단단한 사람은 섹스에 강하다

넓고 살집이 두꺼우며 근육이 팽팽하고 단단한 어깨를 가진 사람은 건강하고 섹스에도 강하며 일을 하는 것도 터프하기 때문에 성공하는 경우가 많다.

그러나 키에 비해서 지나치게 넓거나 두터운 어깨는 또 다르게 판단해야 한다.

어깨가 오므라진 사람은 몸도 운도 나쁘다

어깨가 좁고 살집이 별로 없는 사람은 앞에서 말한 넓고 단단한 어깨의 사람과 반대라고 생각하면 된다. 이러한 사람은 무엇을 해도 성공하지 못한다.

어깨가 넓은 여성은 남성적인 요소가 많다

여성의 어깨는 대부분 남성의 어깨보다 좁고 처진 경우가 많은데, 특별히 어깨가 넓은 여성은 성격도 명랑하고 건강하기 때문에 그다지 미인이 아니더라도 호감을 사게 되며 사랑을 받는다. 다만 이런 여성은 남성적인 요소가 많기 때문인지 사회에 나가 직업여성으로서 일할 운이며, 집에 가만히 앉아 있지 않는 경향이 강하다.

어깨가 넓은 여성

어깨가 떡 벌어지고 올라간 여자는 행동파

떡 벌어지고 올라간 어깨의 여성은 남자를 능가하는 강한 성격이며 외교적이다. 정치운동이나 사회활동 등 밖에 나가서 활동하는 것을 좋아한다. 그 점이 앞에서 말한 어깨가 넓은 여성과 약간 다르다.

어깨가 떡 벌어지고 올라간 여성

어깨가 여윈 남성은 자식운이 나쁘다

어깨가 여윈 남성은 아무리 노력해도 입신출세를 할 수 없다. 게다가 자식운이 없어서 어쩌다 자식이 생겨도 함께 살 수 없는 운명을 겪게 된다.

어깨가 여윈 남성

어깨가 처진 남성은 여성적인 타입

여윈 어깨와 약간 흡사한 상에 처진 어깨가 있다. 처진 어깨의 남성은 여성적인 경향이 많다.

오른쪽 어깨가 높은 남성은 여자운이 없다

오른쪽 어깨가 높은 남성은 타산적인 여성에게 이용되어서 재산을 잃는 등 여난(女難)으로 고생할 염려가 있다. 또 상대하고 있는 여성의 정부(情夫)로부터 위협을 받는 경우도 있다.

오른쪽 어깨가 높은 남성

오른쪽 어깨가 너무 높은 남성은 불량하다

불량배가 허세를 부릴 때는 어깨를 으쓱하고 으스댄다. 그런데 묘하게도 언제나 오른쪽 어깨를 으쓱대는 것을 볼 수 있다.

3) 가슴 · 유방

가슴의 모양

① 넓은 가슴

몸이 강건하고 고난을 이겨내는 활력을 가졌음을 드러낸다. 남의 부탁을 받으면 "알았어, 해 볼게." 하고 가슴을 툭 치며 말할 수 있는 사람이다.

② 좁은 가슴

소심하고 신중한 사람임을 가리킨다. 육체노동이나 인간관계가 복잡한 직장에는 적합하지 않다. 큰 시도도 하지 않으며 실패도 하지 않는 생활을 택한다.

③ 쇄골이 눈에 띄지 않는 가슴

살이 많아서 쇄골(鎖骨)이 눈에 띄지 않는 사람은 운이 강하고 곤란을 타파해나가는 저력이 있다.

④ 쇄골이 눈에 띄는 가슴

체력이 허약하거나 체격이 썩 좋지 않고 매사에 소극적인 사람이다. 병을 앓아 여위고 쇄골이 눈에 띄게 되면 환자

넓은 가슴

는 갑자기 마음이 약해지기 마련이다.

⑤ 구흉

구흉(鳩胸)은 비둘기처럼 부풀어 오른 가슴을 말한다. 구흉의
여성은 섹스에 대한 관심이 많다.

유방의 모양과 색깔을 보면 상대를 알 수 있다

① 풍만한 유방

금전운도 나쁘지 않고 고객을 상대하는 장사에 적합하며, 남
성의 호감을 사는 운도 있다. 이런 사람은 건강하다. 성애(性愛)
도 풍부하며 행복한 인생을 산다.

② 명형의 유방

그릇 모양인 명형(皿型)의 유방을 가진 여성은 몸이 약할 가능
성이 높으며, 남성에 대한 관심도 적고 성관계도 담백하다. 이런
여성을 아내로 둔 남성의 경우 다른 여성에게 정을 주기 쉽다.

③ 포탄형의 유방

포탄형(砲彈型)의 경우는 성기능(性技能)이 잘 발달해 그 즐거
움을 알며 동시에 아기를 잘 낳을 수 있는 체질이다.

④ 유두와 유두 사이가 넓은 상

생활의 고통을 잘 견디고 노력하는
성격이다. 여성은 가정을 위하는 타입이
며 남성은 일가(一家)를 일으키는 타입
이다.

⑤ 유두와 유두 사이가 좁은 상

매우 소극적이라 큰일에는 적합하지

풍만한 유방

않다. 비즈니스맨으로서 꾸준히 노력하는 것이 좋다.

⑥ 분홍색의 유방

남자 운이 좋은데다 행복한 생활을 보낼 수 있는 상이다.

⑦ 미산부로서 유륜의 빛깔이 탁한 유방

미산부(未產婦)인 데도 유륜(乳輪)의 빛깔이 깨끗하지 않은 경우는 교양이 없고 둔감하며, 좋은 인연을 만나지 못한다.

4) 등

등은 그 사람의 마음을 반영한다

다른 부위는 얼마든지 꾸미고 치장할 수 있어도 등은 그것이 어렵다. 따라서 등에는 그 사람의 내면이나 인생이 고스란히 드러난다. 그런 까닭에 등도 중요한 상의 하나이다.

등이 단단하고 풍부한 사람은 건강하다

등줄기가 곧게 뻗어 있고 등이 풍부한 느낌을 주는 사람은 기력과 체력이 다 뛰어나며 세파를 잘 극복할 수 있는 사람이다. 또한 등의 중앙이 세로로 움푹 패여 있는 사람은 훌륭한 생활을 유지하고 성공할 수 있다.

등이 굽은 사람은 남 밑에서 일생을 마친다

젊은데도 고양이처럼 등이 굽은 사람은 남의 지시를 받으며 일생을 마치게 된다. 이러한 사람은 운이 뻗어나가지 않는다.

등이 여윈 사람은 고독하게 산다

견갑골(肩胛骨)의 모습을 셔츠 위로도 볼 수 있을 정도로 등이 여위어 있는 사람은 애인도 없이 고독한 일생을 보내며, 생활고에 시달리게 된다. 한편 등은 괜찮은데 가슴이 여윈 사람은 만년이 불행하다.

등이 굽은 사람

등뼈의 일부가 돌출해 있는 사람은 병이 생긴 증거이다

척추는 목뼈 7개, 등뼈 12개, 허리뼈 5개(엉덩이뼈와 꼬리뼈는 제외)로 이루어져 있다. 옷을 벗고 볼 때 척추를 구성하는 뼈 중 하나가 삐져나와 있을 경우는 요통의 원인이 되는 동시에 내장에 어떤 안 좋은 증상이 생긴 것일 수 있으니 전문의의 검사를 받아야 한다.

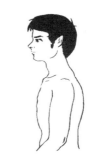

등은 괜찮은데 가슴이 여윈 경우

판자 위에서 자면 등의 상이 좋아진다

판자 위에서 자면 기분 좋게 숙면을 취할 수 있고 피곤이 잘 풀릴 뿐만 아니라 등의 상이 좋아진다. 딱딱한 깔개 위에서 자면 그동안 지압(指壓)을 받는 것과 마찬가지의 효과를 볼 수 있다. 부드러운 매트리스는 조로조사(早老早死)의 원인이 된다.

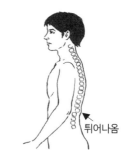

튀어나옴

내장 질환이나 요통의 전조(前兆)

5) 허리 · 엉덩이

허리의 살이 두터운 사람은 안정된 생활을 누린다

허리나 엉덩이는 마음이 차분한 정도나 생활의 안정도, 일을 대하는 자세 같은 것을 나타내고 있다.

허리에서 엉덩이에 걸쳐 살이 두툼하게 붙어 있는 사람은 인생에 희망이 있고 금전운이 좋으며, 일찍부터 생활이 안정된다. 몸도 튼튼하고 자손이 번영하는 경우가 많다.

허리의 살이 빈약한 사람은 망설임이 많다

허리에서 엉덩이에 걸친 살이 빈약한 사람은 마음이 한결같지 않고 망설임이 많다. 초년과 중년이 나쁘고, 가정을 갖는 것이나 자식을 보는 것도 보통 사람보다 늦어진다.

엉덩이 살이 적당한 사람은 성감이 풍부하다

엉덩이에 모양 좋게 살이 붙어 있고 너무 크지도 작지도 않은 사람은 남녀 모두 건강하고 성감도 풍부하며, 자손이 번성한다.

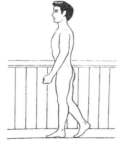

허리, 엉덩이의 빈약한 살

엉덩이가 큰 여자는 성적으로 불운

엉덩이가 보기 싫을 정도로 큰 여성은 자칫하면 질이 좋지 않은 남성과 불륜에 빠지기 쉽다.

또 보통 사람의 두 배가 될 정도로 특별히 큰 엉덩이를 하고 있는 여성은 성기(性器)의 발육이 제대로 되어 있지 않다. 그러나 그것은 너무 살이 쪄서 성기가 체내로 함몰해 버려 보통의 여성과 다른 것같이 보이는 데 불과할 뿐 비정상이 아닌 경우도 있다.

엉덩이가 큰 남성은 여성적이고 결단력이 부족하다.

엉덩이가 삐져나온 사람은 남의 위에 서지 못한다

예전에는 호텐토트(Hottentot)라고도 불렀던 남아프리카의 코이(Khoi) 인종처럼 엉덩이가 돌출한 사람은 남의 위에 오르지 못하고 남의 말에 따라 살다가 일생을 마치는 운명에 있다.

가는 허리의 여성은 화류계에 어울린다

가는 허리의 여성은 성욕이 클 가능성이 있으며 옷맵시가 곱다. 주부에게는 잘 어울리지 않는다.

코이 인종(여성)

6) 손과 다리의 모양

손은 밖으로 나타난 뇌수

손은 '밖으로 나타난 뇌수(腦髓)'라고 할 수 있다. 인류는 자동차를 만들고 빌딩을 건축했으며, 끝내는 우주여행을 가능케 하는 우주선을 쏘아 올렸다. 이러한 문명의 산물은 인간이 뇌로 생각한 상(이미지나 아이디어)을 모두 손을 이용해서 구체화시킨

것이다.

뇌와의 관계가 그와 같이 되어 있는 만큼 손에는 그 사람의 현명함, 어리석음, 재능의 유무, 정신의 높고 낮음, 감정의 강약, 그리고 생장(生長)이나 장래까지도 나타나 있다.

손을 보고 상대방을 판단하는 방법은 일반적으로 말해서 '수상학(手相學)'의 영역에 포함된다. 그러나 여기서는 손바닥에 나타나 있는 선이나 구(丘, 손바닥을 폈을 때 볼록하게 솟아오른 부분)를 따지는 것이 아니라 손이나 손등의 모양 그 자체를 보고 판단하는 방법을 소개한다.

손의 크고 작음

갑과 을, 두 사람의 손을 비교했을 때 갑의 손이 을의 손보다 크다고 해서 곧이곧대로 '갑의 손은 크다.'고 말해서는 곤란하다. 갑의 체격이 크고 그에 비해 손이 작을 경우는 '갑의 손은 작다.'고 판단해야 한다. 마찬가지로 을의 체격이 매우 작은데도 손만은 갑의 손에 비견할 정도라면 '을의 손은 크다.'고 판단한다. 이와 같이 손의 크고 작음은 그 사람의 체격과 비교해서 판단해야 하는 것이다.

손의 크기는 몸과 비교해서 판단

손이 큰 사람은 꼼꼼하다

손이 큰 사람은 손재간이 있다. 만사를 세심하게 처리하는 편이며, 일을 하는 데도 꼼꼼하고 생각이 깊다. 큰 것에는 함부로 손을 대지 않고 자신의 페이스대로 꾸준히 일을 해나가는 타입이다.

손이 작은 사람은 큰 것을 좋아한다

손이 작은 사람은 의외로 큰 것을 좋아한다. 자질구레한 일에는 별로 흥미를 보이지 않고 대범한 일을 좋아한다.

그리고 손을 크게 벌려서 내미는 사람은 적극적이고 외향적이며, 손을 오므리고 내미는 사람은 소극적이고 내성적이다.

손이 두텁고 탄력 있는 사람은 노력파

손의 살이 두텁고 손바닥이 고무공처럼 탄력이 있는 사람은 터프한 노력파로 역경에 굴하지 않고 대결해 인생에서 승리한다. 몸도 튼튼하고 애정도 풍부한 사람이다.

손은 두텁지만 탄력 없는 사람은 성공하기 어렵다

손의 살이 두터워도 탄력이 없는 사람은 노력이 부족하고 계획성이 없으며, 인내심도 없기 때문에 일시적으로는 성공해도 오래 지속되지 않는다. 호인으로서 남에게 속기 쉬운 스타일이다. 이성 관계에서는 트러블에 주의할 필요가 있다.

손이 마른 사람은 행동력이 부족하다

손의 살이 별로 없이 마른 데다 부드러움이 없는 사람은 행동력이 약하므로 큰일은 할 수 없다. 다른 사람 위에 서려고 하지 말고 단체의 일원이 되는 편이 좋다. 지혜는 있으니 그것을 살려야 한다.

첨두형 손인 사람은 섬세한 성격이다

첨두형(尖頭型) 손은 손가락이 앞으로 갈수록 가늘어지는 시원 스러운 손을 말한다. 이러한 손을 가진 사람은 직감력이 뛰어나고 상상력도 풍부하지만 마음이 항상 흔들리고 섬세하기 때문에 사회에 잘 순응하지 못하는 면이 있다.

시간관념이 희박하고 규칙적으로 정해진 생활을 싫어하기 때문에 직장생활 대신 서비스업이나 또는 직접 사업을 개척하는 편이 어울린다.

또 이런 사람은 대체로 색채에 센스가 있으며, 영감(靈感)이 뛰어난 사람도 가끔 나타난다.

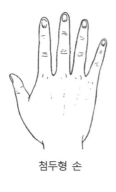

첨두형 손

원추형 손인 사람은 사교에 능하다

원추형(圓錐形) 손은 손끝이 가늘고 손가락 전체가 둥그런 손이다. 이런 사람은 사교에 능하고 모임 같은 데서 인기가 있다.

동정심이 많아서 어려운 처지에 놓인 친구나 친지를 위해 아낌없이 물적 원조를 하는 경우도 있다.

여성으로서 이런 사람은 가계부를 적으려 하지 않으며 경리나 회계 관계 업무를 기꺼워하지 않는다. 남녀 공통적으로 규칙을 싫어하고 자유로운 생활을 동경한다.

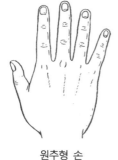

원추형 손

사고형 손인 사람은 성미가 까다롭다

사고형(思考型) 손은 뼈가 많이 드러나 보이고 손가락 관절이 굵어 딱딱한 느낌을 준다. 이런 사람은 학자나 연구자가 어울린다. 고고한 것을 좋아하고 색다른 생각이나 행동을 보이는 등 남과 다른 데가 있다. 옷차림 등에 예민하고 남의 어깨에 빠진 머리털이나 비듬을 보면 신경을 곤두세운다. 까다로운 성격의 소유자로, 사물을 이론적으로 생각하려고 한다.

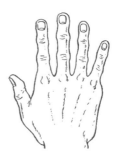

사고형 손

글러브형 손인 사람은 여성적이다

전체가 네모난 느낌을 주는 손이다. 이런 사람은 방침이나 행동을 이론적으로 결정한다. 실행력이 뒤따르는 노력파로 직장에서는 '실무의 천재'로 인정받을 수 있다. 다만, 상상력이 모자라고 정서도 부족하기 때문에 재미가 없다. 꾸준히 자기 인생을 개척해 나가는 사람이며, 처세는 불안하지 않고 견실하다. 금전운도 좋다.

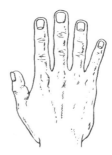

글러브형 손

주걱형의 손은 뛰어난 행동력의 상징

손끝이 주걱 모양을 닮은 데서 이름 붙여진 손이다. 이런 사람은 생각하는

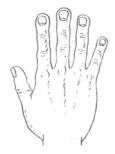

주걱형 손

것보다는 '우선 해보자.'는 식으로 행동이 앞선다. 그러한 뛰어난 행동력이 성공의 요인이 된다.

　반면에 독단으로 일을 처리해서 상사의 미움을 사기도 한다. 그리고 같은 주걱형이라도 손바닥이 부드러운 사람은 소견이 짧기 때문에 성공을 바랄 수 없다.

소박형 손인 사람은 야성적이다

　소박형(素朴型)의 손은 손가락이 울퉁불퉁하고 짧으며 딱딱한 느낌을 주는 손이다. 대체로 이런 사람은 취미가 없다. 인품은 단순, 소박하면서도 야성적인 면이 있으며, 금전에 집착하는 경향이 있다. 반성이나 고뇌, 사색 같은 것과는 거리가 멀다.

　직업은 현장에서 할 수 있는 일을 선택하는 것이 좋다. 사무직이나 세일즈맨으로서는 적합하지 않다.

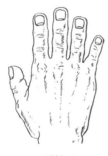

소박형 손

혼성형 손인 사람은 다재다능하다

　예를 들어 중지나 약지가 주걱형, 검지와 소지가 원추형이라는 식으로 갖가지 타입의 손가락이 한데 뒤섞여 있는 손이다. 이런 사람은 한마디로 다재다능하다.

　개중에는 각 방면에 걸쳐 재능을 자유자재로 살려서 크게 성공하는 사람

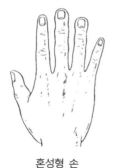

혼성형 손

도 있지만, 단순히 '재주꾼'으로 마치는 사람도 있는 복잡한 타입이다.

발과 다리의 모양에 따른 판단
① 다리가 긴 사람

보기에 좋을 뿐만 아니라 사람들이 호감을 가진다. 언제까지나 신선한 사람으로, 중년이 되어서도 이성의 눈길을 받는 경향이 있다.

② 다리가 짧은 사람

성의를 가지고 일에 임하지만 남에게 어필하지 못한다. 꾸준한 성격의 사람이 많다.

③ 발목이 굵은 무 모양의 발

이해력이 없는 사람이 많고, 스타일이나 용모도 썩 좋지 않다.

④ 상체에 비해 발이 빈약한 사람

사교성과 재미가 없는 사람일 경우가 많다. 사물을 단순하게 생각하는 사람이다.

⑤ 넓적다리의 살이 여윈 여성

성적 매력이 없기 때문에 좀처럼 연인이 생기지 않는다.

⑥ 넓적다리에 살이 쪄 있는 사람

쉽게 피로를 느끼고 지능은 썩 높지 않다.

⑦ 넓적다리가 풍만한 여성

섹시하고 다산(多産)의 경향이 있다.

넓적다리가 풍만한 여성

7) 점

점도 인생에 영향을 준다

점을 의학 용어로는 '모반(nevus)'이라고 한다. 우리가 흔히 말하는 검은색을 띠는 점은 '멜라닌(melanin) 세포 모반(nevus)'이며, '멜라닌 세포가 모여서 덩어리를 이룬 것'이라고 정의된다. 그리고 그 발생과 의미에 대해서는 '생기는 시기에 따라 선천성 모반과 후천성 모반으로 나뉘는데, 선천성 모반은 멜라닌세포 내 단백질의 발생 과정에서 돌연변이가 나타날 때 생길 수 있으며, 후천성 모반은 자외선, 나이, 호르몬, 유전적 요인 등이 원인으로 꼽히고 있다. 건강 면에서는 대부분의 경우 치료가 필요하지 않고 미용 목적 외에는 굳이 제거할 필요가 없다.'고 단정한다.

그러나 관상학에서의 점은 중요한 의미를 지니고 있는 것으로 간주된다.

사실상 점이 신체의 어느 부위에 발생하느냐 하는 것은 우연에 가까울 것이다. 과학이 진보한 오늘날에는 인간이 태어난 것을 우연이라고 단정하지 않지만, 인간을 개별화(個別化)하는 유전자의 조합은 우연성에 맡겨져 있다고 볼 수밖에 없다. 그리고 점도 똑같은 우연성에 의해 신체의 이런저런 부위에 생겨났을 것이다.

그러나 그 우연성의 배후에 숨겨져 있는 이른바 '천명(天命)의 필연성'에 대해 동양의 관상학 연구자들은 일찍부

점의 위치는 인생에 영향을 준다

터 관심 갖고 연구를 계속해 왔다. 점만을 취급해도 넉넉히 한 권의 책을 엮을 정도이다.

그 연구의 성과가 믿을 만한 가치가 있느냐의 여부는 점에 의한 판단이 적중하느냐의 여부에 달려 있을 것이다. 그리고 지금까지의 통계로 보아 점은 인생에 분명히 영향을 주고 있다고 판단된다.

살아 있는 점과 죽어 있는 점

점에는 '살아 있는 점'과 '죽어 있는 점'의 두 종류가 있다. 살아 있는 점은 피부 위에 지름이 1.5～4.5mm 정도의 크기로 나타나 있고 색깔과 광택이 좋은 것을 말한다. 개중에는 털이 한두 개 나 있는 것도 있다. 살아 있는 점은 그 부분의 관상에 나타난 좋은 운을 더욱 강화하는 작용을 한다.

다만 여성일 경우 이마에서부터 볼과 턱에까지 걸친 중앙부에 있는 살아 있는 점은 나쁜 운을 나타내기도 하므로 주의를 요한다. 살아 있는 점이라고 해서 무조건 좋은 것이 아니다.

한편 죽은 점이란 일종의 얼룩 같은 것이다. 색깔이 흐리고 광택이 없다. 죽은 점은 살아 있는 점과는 정반대로 그 부분의 관상을 나쁘게 만들기 때문에 없는 편이 더 낫다.

지름 1.5~4.5mm

살아 있는 점

이마 위쪽 중앙의 점은 인내심을 나타낸다

이마를 삼등분했을 때 맨 윗부분의 중앙부에 있는 점은 강한 인내심을 나타낸다. 이런 사람은 어릴 적부터 고난이 많기 때문에 참을성이 많은 사람으로 자라며 사소한 일로는 좌절하지 않는다. 반면에 반골정신(反骨精神)도 있어서 윗사람에게 반발할 확률도 높다. 노력을 통해 성공하는 타입의 사람이다.

여성의 경우에는 자기 고집이 세고, 남편과의 사이가 원만하지 않은 등 남편운이 나쁘다.

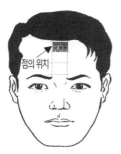

이마 위쪽 중앙의 점

이마 중앙부의 점은 파란이 많은 상

이마 중앙부에 있는 점은 남성에게 있어서는 길(吉), 여성에 있어서는 흉(凶)이다. 이런 점은 강한 개성을 뜻해서 자칫하면 파란이 많은 상이지만 남성의 경우는 윗사람의 도움을 받으면서 곤란을 극복하고 성공한다.

따라서 항상 윗사람과 관계를 지속하고 도움이 되도록 힘쓰는 것이 좋다.

여성의 경우는 강한 개성으로 인해 부침이 심하고 고생할 수도 있다.

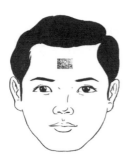

이마 중앙부의 점

미간의 점은 대성공이나 대실패

미간(眉間)에 점이 있는 남성은 큰 성공을 거두거나 반대로 큰 실패를 한다. 극단적인 운명에 놓여 있다.

이런 상으로서 미간이 넓은 사람은

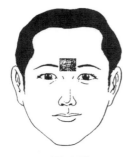

미간의 점

성공형인 반면 게으른 성격 때문에 때로는 크게 실패한다.

한편 미간이 좁은 사람은 너무 섬세해서 성공하기 힘들다. 여성의 경우는 가사(家事)에 만족하지 못하고 사회에 나가 직업여성으로 일한다.

두 눈 사이에 점이 있으면 성공률은 반반이다

두 눈 사이에 점이 있는 남성은 큰 성공을 하든 큰 불운을 당하든 둘 중 하나이다. 불운의 예를 들면 다른 사람의 보증을 서서 큰 손해를 입거나 가족 중 한 사람의 실패로 뒤치다꺼리를 하게 되어서 나락으로 떨어진다.

여성의 경우는 좀처럼 결혼하지 못하며, 결혼을 해도 남편운이 좋지 않으므로 직업을 가지는 편이 낫다.

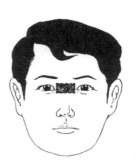

두 눈 사이의 점

콧마루의 점은 강한 개성을 나타낸다

콧마루에 점이 있는 사람은 개성이 강한 편이다. 일이 얽혀 있다면 냉정하게 해고를 선언하거나 무표정하게 강등 조치를 단행하는 식의 일면을 보인다. 본인은 당연한 행동을 하고 있다고 여기기 때문에 남의 원망을 사는 것을 깨닫지 못한다. 중년에는 불의의 사고나 질환에 주의할 필요가 있다. 여성이 이런 경우라면 병에 걸리기 쉽다.

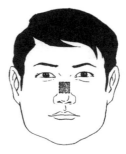

콧마루의 점

코끝에 점이 있으면 일시적으로 성공한다

코끝에 점이 있는 남성은 일시적으로 성공하고 금전에 구애받지 않지만 그 성공은 오래 지속되지 않는다. 여성의 경우는 금전운이 있지만 남편과의 운은 썩 좋지 못하므로 확실한 직업을 갖거나 별도의 비상금을 챙겨두어야 한다.

또한 남녀 다 같이 성에 대한 관심이 높다.

콧방울에 점이 있으면 돈이 새나간다

콧방울에 점이 있는 사람은 금전의 출입이 심해서 돈이 붙어 있을 겨를이 없다. 왼쪽 콧방울에 점이 있는 남성과 오른쪽 콧방울에 점이 있는 여성은 저축을 해도 바로 소비해 버린다. 그 반대쪽의 콧방울에 점이 있는 남성과 여성은 낭비벽이 심한 사람이다. 또 콧방울에 점이 있는 사람은 귀가 얇고 남의 말을 잘 믿어서 쉽게 넘어가는 성격이다.

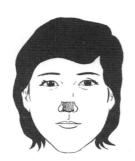

코끝의 점

어찌되었든 이런 사람은 남편이나 아내에게 재산을 관리하도록 맡기는 편이 좋다.

코의 바로 밑에 점이 있으면 자식운이 있다

코의 바로 밑에 점이 있는 사람은 자식운이 좋다. 뛰어난 자질을 갖고 태어

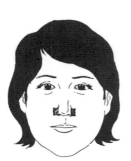

콧방울의 점

난 자식 덕분에 행복해지거나 훌륭한 양자를 두기도 한다. 다만 자식운이 좋은 것은 점이 코밑의 패인 부분에 있을 경우에 한하며, 그곳에서 벗어나 있는 점은 해당되지 않는다.

입술에 점이 있는 사람은 굶을 걱정이 없다

입술에 있는 점은 음식이나 직업과 인연이 깊고 그 방면의 운이 강한 상이다. 이런 사람은 아무리 식량난이 닥쳐도 굶을 걱정이 없고, 바늘구멍 같은 취업난에도 안정적인 수입이 보장되는 사람이다. 또한 이런 사람은 말재주가 비상하다. 여성의 경우 남성운이 좋지만 나쁜 남자에게 유혹되는 경우도 있다.

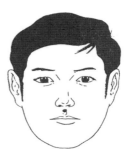

코의 바로 밑에 있는 점

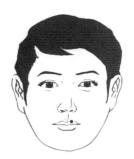

입술의 점

턱 중앙에 점이 있으면 만년운이 좋다

턱은 하정(下停)이라고 해서 만년을 보는 부분인데, 턱의 중앙 아랫부분에 점이 있을 경우 만년의 운을 좋게 한다.

다만 점이 옆으로 비켜나 있는 등 위치가 다르면 그에 따라 운도 달라진다. 그리고 턱에 흉터나 얼룩이 있다면 오히려 만년의 운을 나쁘게 하니 주의해야 한다.

턱 중앙의 점

눈썹 중앙 위쪽에 점이 있으면 사교성이 좋다

눈썹 중앙의 바로 위에 점이 있는 사람은 사교성(社交性)이 뛰어나다. 친구와 지인이 많고, 곤란할 때는 그중의 누군가에 의해 도움을 받기도 한다. 세상에는 별로 뛰어난 재능이나 특기도 없으면서 어느 사이에 성공하는 사람이 있는데 이런 사람도 그런 예에 해당한다.

좋은 인간관계를 많이 가지고 있는 것도 처세의 비결이라 할 만하다.

눈썹 꼬리 위에 점이 있는 사람은 금전운이 좋다

눈썹 중앙 위쪽의 점

눈썹 꼬리 위에 점이 있는 사람은 금전운이 좋으며 젊어서 한 재산을 이룰 수 있다. 경제적인 고통 없이 언제나 풍족한 삶을 누릴 수 있는 사람이다.

눈썹 속에 점이 있으면 학문과 예술 부문에서 성공

눈썹 속에 점이 있는 사람은 학문이나 예술의 분야에서 성공을 거둔다.

눈과 눈썹 사이에 점이 있으면 벼락출세한다

눈과 눈썹 사이에 점이 있는 사람은 유력인사에게 인정을 받고 그 사람의

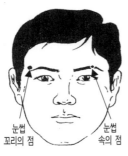

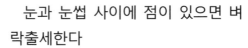

눈썹
꼬리의 점

눈썹
속의 점

눈썹 꼬리와 눈썹 속의 점

지원에 의해 하루아침에 벼락출세를 하게 된다.

직접 소규모 회사를 운영하고 있는 경우라면 단번에 중견급 기업으로 발전하게 되는 운을 갖고 있다.

눈초리에 점이 있는 사람은 이성의 덕을 본다

눈초리에 있는 점은 남편 또는 아내의 원조, 혹은 이성의 원조에 의해 성공할 가능성이 높다. 눈과 눈썹 사이에 있는 점과 마찬가지로 다른 사람의 힘을 빌려 행운을 잡는 상이다.

아래 눈꺼풀에 점이 있으면 정이 많다

아래 눈꺼풀에 있는 점은 매우 정이 많다는 것을 가리킨다. 이런 사람은 남녀 공통으로 성(性)을 탐닉하기도 하는데 그 때문에 괴로움도 겪는다. 특히 여성의 경우는 자칫하면 이 문제로 인생을 그르칠 가능성이 많다. 이성에게 너무 깊이 빠지지 않도록 주의해야 한다.

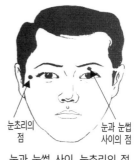

눈초리의 점

눈과 눈썹 사이의 점

눈과 눈썹 사이, 눈초리의 점

눈 아래쪽 중앙에 점이 있는 사람과 결혼하면 자식운이 좋다

정면에서 보았을 때 눈의 검은자위 바로 밑에 점이 있으면 자식운이 좋다. 점이 없는 사람이라도 이런 사람과 결혼하면 영리한 아이를 낳을 수 있다.

아래 눈꺼풀의 점

콧마루 측면에 점이 있는 사람은 수입이 좋다

콧마루의 측면에 점이 있는 사람은 금전운이 좋다. 주변에 이런 사람이 있다면 틀림없이 그 사람은 수입이 많을 것이다.

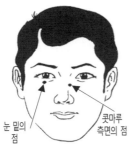

눈 밑과 콧마루 측면의 점

법령 위의 점은 중년에 재산운

법령 위에 점이 있는 사람은 중년에 큰 재산을 모으게 된다. 이러한 상은 불우한 가운데 청년기를 보낼지라도 목표를 똑바로 세우고 노력하면 반드시 보답을 받을 수 있다.

법령 위의 점

윗입술 상부의 점은 풍족한 생활을 가리킨다

코와 입술 사이(수염이 나는 부분)에 점이 있는 사람은 아무 걱정 없이 풍족한 생활을 누린다. 여성으로서 이런 사람은 높은 자리에 올라 많은 사람을 거느리게 된다.

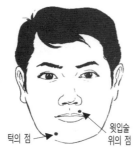

둘 다 생활 걱정이 없다

턱에 점이 있는 사람은 좋은 저택에서 산다

턱에 점이 있는 사람은 주택운이 좋아 주거(住居)에 곤란을 겪지 않는다. 중년에는 대저택에 살게 되고 금전운도 좋다. 그리고 예능에 뜻을 둔다면 크게 성공한다.

턱의 좌우 끝의 점은 리더형
턱의 왼쪽 또는 오른쪽의 끝 가까이에 점이 있는 사람은 부하, 후배, 제자, 자식, 손자 등의 아랫사람이 따르고 대접을 받으면서 바람직한 인생을 보낼 운이다. 일종의 리더형이라고 할 수 있다.

그리고 지금까지의 설명에서 알 수 있듯이 입 주변에 있는 점은 모두 좋은 인생을 가리킨다.

목덜미에 점이 있으면 일용품 걱정이 없다
목덜미에 점이 있는 사람은 살아가는 동안 일용품에 부족함을 느끼지 않는다. 그러나 오늘날처럼 물자가 풍족한 시대에는 그다지 좋은 점을 느끼지 못할 수도 있다.

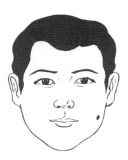

턱의 좌우 끝의 점

귀에 점이 있는 사람은 지혜롭다
귀의 점은 남다른 지혜를 가지고 있음을 가리킨다. 얼굴 생김새가 썩 지성적이라고 할 수 없는 사람도 이런 상은 머리가 우수하다.

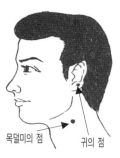

목덜미의 점   귀의 점

둘 다 좋은 상

8) 머리털 · 수염

머리털의 세 가지 유형

사람의 체형을 셋으로 구분한 것처럼 머리털 또한 심성질 · 영양질 · 근골질의 세 가지로 분류할 수 있다. 세 가지 유형의 머리털 특징은 다음과 같은데, 성격은 체형의 세 종류에 준한다.

① 심성질의 머리털

가늘고 부드러우며 빽빽하다.

② 영양질의 머리털

굵고 부드러우며 색깔이 옅다.

③ 근골질의 머리털

굵고 단단하며 색깔이 짙다.

머리털의 색깔

① 검은 머리

정열적이며 정력적이다. 정열적인 민족으로 알려진 스페인 사람이나 집시 중에는 검은 머리털의 사람이 많다.

② 붉은 머리

정열적이기는 하지만 쉽게 뜨거워지고 쉽게 식는다.

③ 회색 머리

그다지 강건한 체질은 아니다. 백인에게 많다.

④ 흰 머리

노인에게서 볼 수 있다. 젊은 사람의 흰 머리는 체질적인 것이 많지만 정신적인 큰 충격을 당하면 하룻밤 사이에 백발이 되는 수도 있다.

⑤ 노인으로서 유별나게 검은 머리
생활에 고뇌가 있다고 판단된다.

머리털의 질

① 단단한 머리털
몸이 건강하거나 강인하고 행동력이 있다.
② 부드러운 머리털
정서가 풍부하고 섬세하지만 몸이 강건하지는 않다.
③ 곱슬머리
섹스에 강하고 활력이 넘친다.
④ 광택이 나는 머리털
건강하며 운이 세다.
⑤ 광택이 없는 머리털
건강에 문제가 있다. 쇠운(衰運)을 가
리킨다.

곱슬머리는 흑인에게 많다

⑥ 가마가 머리의 중앙에 있는 머리털
순조롭게 운이 열린다.
⑦ 가마가 한쪽으로 치우친 머리털
태어난 환경이 좋지 않다고 여겨진다.
⑧ 가마가 두 개 있는 머리털
성격이 유별나거나 대단히 허약한 체
질이다.

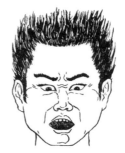

몹시 화가 나면
머리털이 거꾸로 설 수도 있다

수염과 색깔

① 푸른빛을 띤 검은 수염

수염이 검고 가늘며 빽빽한 사람은 활력이 있으며 몸도 건강하다. 이런 사람은 노력에 따라 성공을 거둘 수 있다.

② 붉은 수염

운은 하강세(下降勢)이며 소망을 달성하기 어렵다. 체력도 약해지고 있는 것으로 볼 수 있다. 만약 검은 수염이 병이 없는데도 붉어지기 시작하면 주의해야 한다.

③ 검은 수염

푸른빛을 띤 검은 수염과 달리 옻칠 같은 검은 수염이 나 있는

사람은 운이 썩 좋지 않고 파란이 많다. 아내와의 인연도 나빠지기 시작한다.

④ 끝이 굽어 있는 수염

현재의 일이 순조로이 진행되지 않고 있음을 가리킨다. 많은 곤란에 에워싸인 상황 속에 있음을 암시한다.

푸른빛을 띤 검은 수염

성긴 수염

성긴 수염을 기르는 사람은 태평스럽고 멋이 없다

성긴 수염을 기르는 사람은 태평스럽고 멋이 없다. 무슨 일이 일어나도 느긋하게 참으며 몸차림에 개의치 않는 사람인 경우가 많다. 그러나 이와 같은 수염을 기르면서도 태연할 수 있다는 것은 어느 정도

뱃심 좋은 사람이라고 판단할 수 있다. 표면적으로는 태평스러운 것같이 보이지만, 방심하지 못하는 면도 어느 정도 있다.

책략가가 즐겨 기른 기인형 수염

기인형(奇人型)의 수염은 1800년대에 유럽에서 유행했다. 지금 도 의사, 학자, 교수 같은 사람에게서 때때로 볼 수 있는 수염이 다. 이런 사람은 책략가(策略家)형의 지식인에게 많다. 고집이 세 고, 건방진 면도 있다.

콜먼 수염은 플레이보이형

영화배우로 활약했던 로널드 콜먼 (Ronald Colman, 1891~1958)의 이름에 서 따온 콜먼 수염은 당시 남성들 사이 에서 큰 인기를 끌었다. 보통 잘생긴 미 남형들이 많이 기르는데 플레이보이형 의 수염이다. 이런 사람은 건방진 편으 로 탕아(蕩兒)로 여겨지기도 하는데, 본 인 스스로 그렇게 평가되는 것을 바라 는 면도 있다.

기인형 수염

웃음과 애감을 주는 채플린 수염

배우 찰리 채플린의 수염이다. 구(舊) 소련의 전 부수상인 미코얀(Mikoyan, 1895~1978)은 항상 2인자의 위치에 있

콜먼 수염

었던 사람으로 '붉은 상인'이라는 별명을 얻을 정도로 경제적 수완을 발휘했는데, 그의 수염 역시 채플린 수염이었다. 이런 수염은 유머 속에 일말의 애감(哀感)을 드러낸다.

채플린 수염

팔자형의 수염은 고지식하다

옛날의 관리, 군인, 교사 등에서 많이 볼 수 있었던 수염이 바로 팔자형(八字型)의 수염이다. 이런 사람은 꼼꼼하고 고지식하게 일을 처리한다. 신경이 예민한 데가 있으며 좋게 말하면 진실하고 보이는 대로 말하면 '잔소리꾼'이다. 그러나 마음에는 사념(邪念)이 없다.

팔자형 수염

카이저수염은 자존심의 상징이다

제1차 대전 당시 독일의 황제 카이저 빌헬름(Kaiser Wilhelm, 1874~1936)의 수염에서 연유한 이름이다. 이런 사람은 자존심이 강하고 야심이 크다. 수염을 꼬면서 자기 자랑을 늘어놓거나 얼마간 과장된 이야기를 하기도 한다. 그러나 그 과장된 계획 같은 것을 이윽고 실행에 옮길 때도 있기 때문에 섣부르게 흘려들어서는 안 된다. '훌륭한 수염'의 대표 격이며 자기 현시욕(顯示慾)을 나타낸다.

카이저수염

수염이 풍성한 사람은 호쾌하다

수염이 풍성하게 뒤덮고 있는 형의 사람은 무슨 일에도 별로 동요하는 법이 없고 태연하다. 여러 가지 문제를 아주 간단하게 처리해 버리는 능력이 있다.

속세를 초월한 사람이 잘 기르는 선인형의 수염

선인형(仙人型)의 수염을 기르고 있는 사람은 초연하면서도 세상사에 통달해 있다. 또한 어려운 문제를 능수능란하게 해결해내는 재능이 있다. 물욕(物慾)이 거의 없고 사람이 좋다. 그러나 세상은 이런 사람을 별종(別種)으로 취급한다. 앞의 수염이 풍성한 사람과 많이 닮았지만 그보다 더 속세를 초월한 느낌이 강하다.

풍성한 수염

선인형의 수염

염소수염은 이상주의자

염소수염의 사람은 의지가 강하고 어떤 이상을 가지고 있는 경우가 많다. 자신의 신념을 남에게 좀처럼 굽히지 않는 이른바 경골한(硬骨漢)으로서 평생을 걸고 이상을 추구하기도 한다. 일종의 기인이라고 할 수 있다.

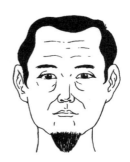

염소수염

덜렁거리고 경박한 두 줄 코밑수염

언뜻 보면 콧물을 흘리고 있는 것 같은 수염이다. 좀처럼 보기

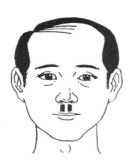

두 줄 코밑수염

드문 상이지만 젊은 사람에게서 간혹 볼 수 있다.

이와 같은 수염을 기르는 사람은 어느 정도 덜렁거리고 경박한 성품으로서 자기 현시욕이 강하며 외로움을 잘 탄다. 착실한 샐러리맨으로는 적합하지 않다. 자유업이 알맞은 타입이다.

3. 앉은 자세, 말씨와 목소리, 걸음걸이

1) 앉은 자세

관상이란 얼굴만을 뜻하는 것이 아니다. 관상이란 '사람의 일체상(모습)'을 뜻하는 것이다. 상이란 '모습', '모양'이며, 앉은 자세도 관상학 중의 한 분야라고 말할 수 있다.

바르게 앉는 사람은 인품이 훌륭하다.

앉은 모습이 유연하고 태산처럼 묵직해 보이는 사람은 대단한 인재(人材)라고 말할 수 있다. 앞으로 기울이지도 않고 뒤로 젖히지도 않으며 실로 똑바르게 앉는 사람은 인품이 훌륭하고 뜻도 커서 사회에서 큰일을 성취할 만한 기량이 있는 사람이다. 바른 자세는 건강을 낳는 것과 동시에 인격도 높이는 법이다.

앉아서 무릎을 떠는 것은 경솔하고 돈복이 없다

옛사람들은 앉아서 공연히 무릎을 채신머리없이 떠는 것을 '궁상을 떤다.'고 해서 몹시 싫어했다. 이런 버릇이 있는 사람은 곧 시정해야 한다. 실제로 이런 사람은 돈이 몸에 붙지 않기 때문이다.

남과 말하는 도중에 공연히 몸을 흔드는 사람을 신뢰할 이는 아무도 없다. 또 의자에 걸터앉아서 구두나 손가락을 부딪쳐 소리를 내는 것도 궁상을 떠는 것과 마찬가지로 상대방에게 불쾌감을 준다. 복이 달아나는 것은 당연하다.

앞으로 기울이고 앉는 사람은 집중력이 없다

앞으로 기울이고 앉는 사람이 적지 않은데, 이런 사람은 마음에 조급함이 있고 매사에 집중할 수 없는 성격이다.

노인도 아닌데 앞으로 몸을 기울이고 앉아서 무슨 말을 한다면 상대방이 기분 좋게 들을 리가 없다. 따라서 하는 일이 잘되지 않을 것은 당연하다. 이런 사람은 성공을 바라기 어렵다.

앉으면 무엇에 기대려고 하는 사람은 쇠약하다

벽에 기대거나 방바닥을 짚고 몸을 받쳐서 앉는 사람은 병으로 몸이 아프거나 기력이 쇠약해진 증거이다. 도저히 무슨 일을 해낼 상황이 아니다. 병약한 사람은 빨리 치료를 받거나 요양을 하고, 기력이 쇠약해진 사람은 그 원인을 찾아서 손을 써야 한다. 이와 같은 상황에 처한 사람과 진지한 의논이나 약속을 하는 것은 무리이다.

넓은 자리를 독점해서 앉는 사람은 이해심이 없다

지하철이나 버스를 타면 가랑이를 크게 벌리고 앉아 혼자서 두 사람 몫의 좌석을 독점하거나, 두셋은 더 앉을 수 있는 자리를 자기들끼리 독차지하고 있는 사람들을 가끔 볼 수 있다. 노약자에게 자리를 양보하기는커녕 다른 사람들 자리까지 점령하고 앉은 것이다. 그와 같은 젊은이는 이해심이 없을 뿐 아니라 남에 대한 배려심도 없다. 만일 물자 부족에 허덕이는 시대가 온다면 폭동을 일으킬 소지가 많은 사람이다.

2) 말씨와 목소리

사람이란 순경(順境)일 때는 목소리가 커지고 말씨도 매끄럽지만, 역경(逆境)일 때는 목소리가 작아지고 소곤거리게 된다. 또한 사람은 기쁠 때와 슬플 때의 목소리나 말씨가 저절로 달라진다.

하지만 참으로 큰 인물이 되면 그런 상황의 변화에 상관없이 태도와 목소리, 말씨가 평소와 조금도 다름없는 법이다.

빠른 말씨로 계속 떠드는 사람은 경솔하다

빠른 말씨라고 해도 지혜가 있는 사람의 일목요연한 말과 그저 되는 대로 이야기를 늘어놓기만 하는 말의 차이는 누구나 알 수 있을 것이다. 이렇게 무작정 말을 뱉어내기만 하는 사람은 성급하고 오버센스의 경향이 강하다.

이와 같은 사람은 정신없이 지껄이고 나서 '아차' 하고 후회하는 경우가 많다.

중환자 같은 말씨의 사람은 일생이 불운하다

언제나 중병에 걸린 사람처럼 소곤소곤 낮은 목소리로 말하는 사람은 몸도 약하고 불운한 일생을 보낸다. 이와 같은 사람은 밝은 목소리로 말하도록 힘써야 한다. 그러면 몸도 튼튼해지고 불행도 서서히 가시게 된다.

화난 듯이 말하는 사람은 근본이 정직하다

언제나 화난 듯이 말하는 사람은 처세가 서툴고 편벽한 사람으로 간주되어 좋은 인상이라고 할 수가 없다. 대체로 말이 없는 편이지만 근본은 정직한 사람이다. 따라서 성질을 잘 알아서 따뜻하게 대하면 의외로 격의 없이 사귀게 될 뿐만 아니라 그 사람의 도움도 받게 된다.

상대방을 보지 않고 말하는 사람은 비밀이 있다

남과 대화하면서 시선을 피해 눈을 내리깔고 말하거나 엉뚱한 방향을 바라보고 말하는 사람은 무엇인지 마음에 비밀을 담고 있다. 정직하지 못한 사람이나 사기꾼은 남의 눈을 보지 않고 눈을 내리깐 채 말할 때가 있다. 물론 스케일이 너무나 다른 위인이나 고위직의 사람, 미모의 이성을 대했을 때 시선을 피하는 것은 흔히 있는 일로서 이것은 판단의 대상이 되지 않는다.

대화 중에 궁상을 떠는 사람은 신용하지 마라

이것은 관상학적인 문제를 떠난 상식에 해당한다. 도대체 남과 대화할 때 궁상을 떠는 것은 당치도 않은 일이며, 이와 같은 사람은 돈이 들어와도 곧 나가 버리는 타입이다. 이런 사람이 제안하는 사업에 손을 대면 나중에 큰 피해를 보게 된다. 그런 사람이 하는 이야기는 10분의 1만 믿는 것이 좋다.

제스처가 큰 사람은 자기주장이 강하다

일반적으로 서양인들은 제스처가 크지만 동양인들은 대화를 하면서 제스처를 그다지 사용하지 않는 편이다. 그런데도 지나친 제스처를 하는 사람은 자기주장이 강함과 동시에 표현력이 풍부하고 화려한 연출을 좋아하는 경향이 있다. 그리고 평소에 제스처가 별로 없는 사람이 전에 없이 큰 제스처를 할 때는 무엇인가 자기 뜻을 상대방에게 억지로 납득시키려고 하는 경우이니 주의할 필요가 있다.

손바닥을 위로 향하고 말하는 사람은 이야기를 건성으로 듣는다

사람은 진지하면 진지할수록 손의 위치나 시선, 동작에 그 마음이 나타나는 법이다. 손을 바르게 무릎 위에 올려놓거나 주먹을 꼭 쥐는 것 등이 그러한 표현이다. 반대로 손바닥을 위로 향하고 대화하는 사람은 다른 어떤 일에 마음을 쓰고 있다는 증거이며 상대방의 이야기를 건성으로 듣고 있다고 판단해도 무방하다. 이와 같은 때의 대화는 무의미하니 중지하는 편이 낫다.

큰 소리로 말하는 사람은 정직하다

큰 소리로 기운차게 말하는 사람은 정직하고 개방적이며, 유머도 있을 뿐만 아니라 남에게 호감을 준다. 약간 속이 좁은 데가 있기는 하지만 사람은 호인이다.

속삭이듯 말하는 사람은 비밀이 있다

이와 같은 사람은 마음에 비밀이 있거나 사심(邪心)이 있어서 사귀어도 그 사람을 잘 알 수 없는 경우가 많다. 신경질적이고 시기심도 많은 사람이다.

상대방의 말을 끝까지 듣는 사람은 큰 인물이 된다.

아무리 심한 공격을 당해도 도중에 반론하지 않고 상대방의 주장을 끝까지 듣는 사람은 장차 위대한 사람이 될 가능성이 크다. 이들은 대부분 다 듣고 난 다음에 당당하게 반론하는데 한마디로 큰 인물이라고 할 수 있다. 일반적으로 사람들은 상대방의 비난을 끝까지 들으려 하지 않고 도중에 반론하는 경우가 많다.

느리게 말하는 사람은 성질이 느리거나 생각이 깊다

이것은 빠른 말씨의 사람과 정반대의 성격을 나타낸다. 성질이 느린 사람이거나 그렇지 않으면 신중한 사람이며, 실언이나 실패가 적은 사람이다. 이야기의 내용이 논리정연하면 신중하면서도 '지(知)'가 있는 사람으로 판단해도 좋다. 그러나 가볍게 말을 더듬는 사람과 혼동하지 말아야 한다.

윗사람과 아랫사람을 다르게 대하는 사람은 실패한다

자기보다 윗사람에게는 굽실거리는 반면 아랫사람에게는 방자하고 건방진 어투로 말하는 사람은 부하에게 신망을 잃어 언젠가 반드시 실패한다.

바람직한 인간관계에서는 윗사람에게 예의를 지키는 것과 동시에 아랫사람에게도 예의를 지키고 감사한 마음을 갖고 대하지 않으면 안 된다. 이것을 지키지 못하는 사람은 결국 남에게서 버림을 받게 된다.

상대방의 말을 도중에서 가로채는 사람은 자기중심적

상대방이 말하는 도중에 "그것은 말입니다." 또는 "말씀하는 중이지만 그것은 그렇지 않죠." 하고 남의 말을 도중에 가로막는 사람은 매사가 자기중심적이며, 상대방에 대한 배려가 부족하다. 이와 같은 사람이 상사가 되면 부하들이 조언을 하지 않게 되며 결국 혼자 따돌림을 당해 실패하기가 쉽다.

턱을 내밀고 말하는 사람은 허풍이 심하다

턱을 내밀고 이야기하는 사람은 상대방을 얕잡아보거나 우월감이 강하다. 말하는 내용도 자랑거리나 허풍일 경우가 많다. 사람은 거만하고 잘난 체하며 방심하고 있을 때 턱을 올려 앞으로 내미는 모양이 된다. 이와 같은 사람의 말은 신용할 수 없다.

턱을 바싹 당기고 눈을 치켜뜨며 말하는 것은 상대방을 멸시하고 있다는 증거

이를테면 눈을 치켜떠서 상대방을 힐끔 쳐다보는 사람이다. 이런 사람은 거만하고 무례하기 짝이 없다. 어떤 식이든 우월감을 갖지 않았다면 이와 같은 태도는 있을 수 없다. 이런 타입의 사람은 음침하고 음험하며 활기가 없다. 이와 같은 사람은 결국 남의 호감을 사지 못하기 때문에 지위를 얻었다고 해도 고독하게 일생을 마치게 된다.

성공담이나 자랑만 하는 사람은 허영심이 강하고 거짓말쟁이

남의 험담도 듣기 거북하지만 자기 일을 자랑하는 것은 정말 듣기 거북한 법이다. 말하는 쪽은 신나서 그러는 것이니 언제 끝날지도 모른다. 이와 같은 사람은 도저히 남과 원만하게 사귈 수 없다.

실패담을 섞어서 말하는 사람은 마음에 여유가 있다

열등감이 많은 사람일수록 그에 대한 강한 반동으로 자기자랑을 늘어놓는 법이다. 한편 자신의 실패를 떳떳하게 이야기하는 사람은 열등감이 적은 사람이며 마음에 여유가 있다. 여유가 있는 만큼 담담하게 실패담을 털어놓을 수 있는 것이다.

듣는 사람 쪽에서는 자기자랑이나 성공담에는 싫증을 내지만 실패담에는 관심을 보인다. 그런 의미에서 실패담을 어떻게 적당히 섞느냐 하는 것이 성공적인 대화의 비결이 된다.

웅변가의 말은 설득력이 약하다

웅변가의 말을 들을 때는 귀가 즐겁다. 그러나 끝나고 나면 아무런 교훈도 남지 않는 경험을 누구나 해본 적이 있을 것이다. '재미있었다.', '멋진 이야기였어.' 하는 생각은 들지만 요점이 무엇이었는지 불분명하다면 별 소용이 없다. 지엽적인 이야기는 많은데 설득력이 있는 내용이 빠져 있다면 의미가 없는 것이다.

눌변가의 말은 설득력이 강하다

말솜씨가 없는 사람의 이야기는 의외로 설득력이 있다. 그 까닭은 자신만 일방적으로 말하지 않고 충분히 상대방의 의견을 듣기 때문이다. 또 달변가처럼 꾸밈이 없기 때문에 항상 문제의 핵심을 곧바로 언급하고 많은 말을 하지 않으니 진행도 빠르다. 유명한 세일즈맨 중에 웅변가나 능변가가 적다는 것도 수긍할 만하다.

3) 걸음걸이

옛날부터 출세한 사람이나 성공한 사람을 보면 그 걸음걸이가 멋들어진 사람이 적지 않다. 그러면 걸음걸이에 따라 사람을 어떻게 판단할 수 있는지 알아보기로 하자.

상체는 무겁지만 걸음걸이는 가볍게 가슴을 펴고 걷는 사람은 곤란을 극복하고 성공한다

몸은 무겁고 중량감이 있으며 걸음걸이가 가벼운 사람은 인물도 당당해 보이고 곤란에 부딪쳐서도 운을 개척하는 사람이다. 성공하려면 우선 당당한 걸음걸이를 배워야 한다. 마음이 모습을 만들며, 동시에 모습이 정신을 형성한다. 당당한 걸음걸이를 하고 있으면 생각도 저절로 훌륭해지는 법이다. 간단한 성공법이라고 할 수 있다.

어깨를 으스대며 걷는 사람은 허세가 있지만 소심하다

불량배일수록 어깨를 으스대지만 진짜 보스가 되면 반대로 조용해지기 마련이다. 어깨를 으스대며 걷는 사람은 허세를 부리고는 있지만 소심하고 겁쟁이며, 혼자서는 아무것도 할 수 없는 경우가 많다. 마음이 소심하기 때문에 과잉방어가 되기 쉽고 사소한 싸움에 쉽게 흥분하는 경향이 있다.

위를 쳐다보고 걷는 사람은 거만하거나 몽상가이다

흔히 거만해 보이는 사람들의 발걸음이 여기에 해당한다. 이들은 콧대가 세고 도도하며 타인에 대한 배려가 부족하다.

멍한 표정으로 고개를 위로 들고 걷는 사람은 몽상가일 가능성이 있으며 현실성이 없을 뿐만 아니라 돈과는 다소 거리가 멀게 세상을 사는 사람에 속한다.

고개를 숙이고 걷는 사람은 운도 비켜간다

전형적으로 소심하고 우울한 사람들의 걸음걸이가 이에 해당한다. 이런 스타일의 걸음걸이는 대부분 일이 잘 풀리지 않음을 은연중에 암시하는 것이다. 또한 가정적으로도 근심거리나 어려움이 있음을 나타낸다. 항상 이렇게 걷는 사람은 삶 자체가 그렇게 굳어 버리기 쉽고 찾아왔던 운도 비켜서 간다.

물론 골똘하게 무엇인가 생각에 잠겨 그런 때는 예외이다.

양 어깨를 흔들고 걷는 사람은 성공하지 못한다

걸을 때에 양어깨를 흔들거리며 걷는 사람이 있는데 이것도 일종의 궁상을 떠는 것이라 볼 수 있다. 성공하기 힘든 사람이다. 사람됨이 가볍고 남에게 신뢰를 받지 못한다.

서둘러서 걷는 사람은 성급하고 지레짐작을 잘한다

서둘러서 걷는 사람은 성급하고 침착성이 없으며 섣부른 지레짐작으로 실패하기 쉽다.

이야기를 끝까지 듣지 않고 뛰쳐나가는 성격으로 매사에 열성이 부족하고 한 군데 오래 있지 못한다.

앞으로 기울이고 걷는 사람은 운이 열리지 않는다

언제나 앞으로 기울이고 걷는 사람은 운이 열리지 않는다. 이런 사람은 가족의 운까지도 망치는 경우가 많다.

이런 사람이 성공하려면 길은 오직 하나밖에 없다. '가슴을 펴고 상체를 세워서 당당하게 걷는 것'이다. 그렇게 하면 운도 바뀌고, 인생도 변한다.

발소리를 크게 내면서 걷는 사람은 교양이 없다

걸음걸이에도 하나의 법칙이 있다. 그런데 언제나 퉁탕거리며 발소리를 크게 내고 걷는 사람은 주변을 헤아리지 못하는 인간이며, 교양이 없고 예의를 모른다. 대취(大醉)했을 경우 발소리를 크게 내면서 걷는데, 이것은 알코올 뇌중추(腦中樞)의 기능 감퇴로 인해 예의나 법식을 잊어버려 그렇게 되는 것이다. 술을 마시지도 않은 상태에서 평소에 그렇게 걷는다면 성공하기 힘들다.

두리번거리며 걷는 사람은 경계심이 많고 마음에 동요가 있다

주위를 두리번거리며 살피면서 걷는 것은 무엇인가 두려워서 경계하고 있거나, 또는 마음이 동요하고 있음을 나타낸다. 시골에서 처음으로 도시에 나왔을 경우 두리번거리기 마련인데, 이것 역시 마음이 불안정하기 때문에 그러한 것이다.

아장아장 빨리 걷는 사람은 소심한 성격의 소유자이다

어릴 적에는 누구나 아장아장 걷지만 성장과 더불어서 당당하게 걷게 된다. 그런데 언제까지나 그것이 시정되지 않고 어른이 되어도 그렇게 걷는 사람은 아무리 재능이 있어도 남으로부터 바보 취급받기 쉽고 절대로 중용되지 않는다. 이와 같은 사람 중에는 대체로 소심한 사람이 많다.

앞으로 넘어질 듯이 걷는 사람은 단명한다

앞으로 고꾸라질 듯이 걷는 사람이 있는데, 이와 같은 사람은 언제나 마음이 초조하고 성급하여 바쁜 사람이다. 늘 마음에 여유가 없고 스트레스가 쌓여 오래 살기는 틀린 사람이다.

등을 굽히고 걷는 사람은 불운하다

고양이처럼 등이 굽은 사람은 어느 정도의 지위에 올랐다가도 결국은 추락하게 된다. 이런 걸음걸이는 자신감이 없고 이타적인 사람으로 보이기도 한다. 선천적으로 굽은 등이든 평소 자세가 나빠서 등이 굽었든지 간에 이런 자세는 불운을 초래한다.

엉덩이를 흔들며 걷는 사람은 바람기로 몸을 망친다

유난히 엉덩이를 흔들며 걷는 사람은 머리보다는 몸을 쓰는 일에 능하며 예로부터 바람기가 많은 사람의 걸음걸이로 알려져 있다. 이렇게 걷는 사람은 교양이 없어 보이고 색정으로 말미암아 일을 그르칠 수도 있다. 특히 젊은 여성이 눈에 띄게 엉덩이를 살살 흔들면서 걸으면 진중하지 못하고 가벼워 보일 수 있다.

뒤를 돌아보며 걷는 사람은 나쁜 생각을 품고 있거나 누군가에게 쫓기고 있다

사람은 걸을 때 좀처럼 뒤를 돌아보지 않는 법이다. 그런데 자꾸 뒤를 본다는 것은 나쁜 생각을 품고 있거나 누군가에게 쫓기고 있는 심리상태를 반영하는 증거이다. 주로 범죄자나 의심이 많은 사람 또는 허풍이 심한 사람들이 이렇게 걷는다.

어느 쪽이건 간에 환영할 만한 걸음걸이는 아니다.

갈지자로 걷는 사람은 마음이 불안하고 단명한다

흔히 갈지자처럼 좌우로 움직이며 걷는 사람은 마음이 평온하지 못함을 암시하고 있다. 이와 같은 걸음걸이 모양이 굳어지면 그 탓에 몸의 균형이 비틀어지고 머리, 손, 발이 제각각 놀아 보기에도 안 좋다. 특히 오래 사는 장수(長壽)와는 거리가 멀고 일반적으로 수명이 짧을 수 있다.

엉덩이를 뒤로 빼고 걷는 사람은 끈기가 없다

엉덩이를 뒤로 뺀 듯 약간 엉거주춤한 자세로 걷는 사람은 흔히 끈기가 약해서 무슨 일을 해도 끝까지 해내지 못하고 중도에 포기를 잘하는 사람으로 비쳐진다. 이들은 겁이 많고 뒷심도 약해 윗사람이 큰일을 맡기기를 주저하게 된다.

지나쳤다 뒤돌아보는 사람은 열등감이 많다

여성의 경우 길을 걷다가 다른 여성과 서로 지나치고 난 다음 뒤를 돌아보는 일이 많다. 이런 사람은 선망과 질투심이 강하고 평소 은연중에 콤플렉스를 갖고 있을 가능성이 짙다. 자주 그런 모습을 보이면 자의식과 자신감이 없어 보이고 운도 따라오지 않는다.

힘없이 걷는 사람은 인생도 힘이 빠진다

평소에 아픈 사람처럼 발을 질질 끌면서 힘없이 걷는 사람은 실제로 근심 걱정이 많거나 무기력한 사람처럼 보여 좋은 이미지를 얻기 힘들다. 당연히 인생살이도 잘 풀리지 않는다.

걸음걸이는 바로 그 사람의 심리 상태가 겉으로 드러난 표현이라고 할 수 있다. 성공적인 인생을 살기 위해서는 등을 곧게 펴고 발바닥에 힘을 주어 양쪽 발을 평행하게 두는 십일자 걸음으로 경쾌하게 걷는 것이 요구된다.

4. 질병의 판단

1) 체형에 따른 질병

관상학 중에서 병에 대한 것만 뽑아 정리해도 현대의학의 진단에 충분히 응용할 수 있는 훌륭한 한 권의 책이 될 것이다.

이 책에서 그 전부를 소개할 수는 없으므로 수박 겉핥기식으로나마 부분적으로 살펴보고자 한다.

의학적인 4분법
관상은 의학적으로 다음의 4타입으로 구분된다.

① 뇌형(腦型)

상정이 발달한 역삼각형의 얼굴 생김새.

② 호흡기형(呼吸器型)

중정이 발달한 마름모꼴의 얼굴 생김새. 특별히 흉부(胸部)가 발달해 있다.

③ 소화기형(消火器型)

하정이 발달한 피라미드형의 얼굴 생김새. 특히 복부(腹部)가 잘 발달해 있다.

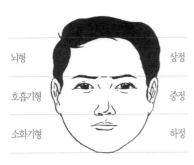

뇌형   상정

호흡기형   중정

소화기형   하정

근육형 : 상정·중정·하정의 발달 정도가 거의 같다

의학적인 4분법과 각 정의 발달 관계

④ 근육형(筋肉型) : 얼굴에서는 상정·중정·하정, 전신에서는 가슴·몸통·배의 각 부위 발달 정도가 거의 같다.

이상 4가지 외에 다시 4종류의 혼합형이 존재한다.

뇌형의 사람은 허약한 체질의 일언거사

뇌형의 사람은 상정이 발달해 있기 때문에 이마가 넓고 머리가 크며 턱은 가늘고 뾰족하다. 커다란 역삼각형의 머리를 가냘픈 몸으로 받치고 있기 때문에 불안정한 느낌을 준다. 이런 체형의 사람은 두뇌작용이 뛰어나다. 그러나 체력은 약해서 육체노동을 하면 이내 녹초가 되고, 계속해서 노동을 강행하면 병을 앓게 된다. 어떻든 육체노동에는 적합하지 않다.

또 이런 형의 사람 중에는 일언거사, 즉 말참견을 썩 좋아하는 사람이 많고 그런 만큼 변론을 하면 날카로운 데가 있다. 머리가 좋으므로 변호사나 학자, 평론가 등이 적합하다. 몸을 쓰지 않고 두뇌노동으로 생계를 마련하는 길을 택하는 것이 좋다. 지적인 직업을 갖고 노력하면 일정한 지위나 사회적인 평가를 충분히 받을 수 있다.

호흡기형의 사람은 담백한 성격으로 호흡기가 약하다

호흡기형의 사람은 중정이 발달해 있기 때문에 마름모꼴이 된다. 광대뼈가 발달하고 볼이 여위어 있는 얼굴형이다. 몸은 가냘프고 어깨는 넓지만 가슴이 두텁지 못하다. 이런 타입의 사람은 폐가 잘 발달해 있으므로 공기가 좋은 고장에서 살면 장수할 가능성이 높다.

다만 이런 타입의 사람은 언제나 목 상태가 나빠, 병이 나면 제일 먼저 목을 앓게 된다. 공기가 오염된 고장에 살고, 스트레스가 겹치면 호흡기병에 걸린다.

이동하는 것을 좋아하는 성질이 있으며, 운동이나 여행을 즐길 시간을 낼 수 없이 쳇바퀴처럼 돌아가는 직장에 들어가면 병이 나기 쉽다. 운동을 하지 않으면 건강을 유지하는 것이 어렵고 단명할 수 있다.

성격은 치근대지 않고 담백하기 때문에 남에게 미움을 사지 않는다. 몸을 앞으로 기울이는 사람이 많은 것도 특징이다.

소화기형의 사람은 기운이 넘치는 대식가

소화기형의 사람은 하정이 풍부하고 입이 크다. 그야말로 소화기가 크겠다고 생각될 만큼 복부가 발달한 체형이다. 이런 타입의 사람은 위장이 튼튼하고 식욕이 왕성하기 때문에 아무래도 비만이 되기 쉽다. 아니면 아무리 튼튼한 위장이라도 견디지 못하고 잦은 소화불량을 겪게 된다.

몸은 튼튼하지만 몸의 상태가 조금이라도 나빠지면 바로 설사를 하는 체질이다. 음식에 대한 경각심을 게을리 하지 않으면 건강을 유지하고 장수할 수 있으니, 연회석 같은 데서 과식을 하지 않도록 주의해야 한다.

이런 타입의 사람은 요식업을 하면 성공한다. 활력이 있고 부지런히 일하는 사람이다. 그러나 땀을 많이 흘리는데다 스태미나가 빨리 소모되는 체질이기도 하다. 안색은 불그스름한 사람이 많다.

근육형의 사람은 터프한 활동가

앞에서 말한 뇌형, 호흡기형, 소화기형은 각각 상정, 중정, 하정이 특별히 발달해 있는 것과는 달리 근육형의 사람은 그 삼정이 비슷한 정도로 발달해 있다. 몸은 가슴, 몸통, 다리의 각 부위가 균형이 잡혀 있다. 네모난 얼굴 생김새에 가슴, 어깨, 복부가 모두 근육질이며 맵시 있고 단단한 몸매이다. 손발은 길고 골격도 잘 발달해 있다. 이런 타입의 사람은 계속해서 움직이고 활동하는 편이 병에 걸리지 않는다. 뇌형의 사람과 비교하면 대조적인 타입으로서 공장의 현장 작업원이나 세일즈맨, 신문기자, 경찰, 군인 등과 같이 몸을 많이 움직이는 직업이 적합하다. 스포츠맨, 무술인 같은 것도 어울린다. 아무 일도 안 하고 무위도식하면 도리어 요절하게 된다.

네 가지 기본 체형이 섞여 있을 경우

이상에서 말한 뇌형, 호흡기형, 소화기형, 근육형의 네 가지 형은 어디까지나 기본적인 체형이다. 기본형을 그대로 가지고 있는 체형의 사람도 있지만 그 각각이 혼합되어 있는 체형의 사람이 더 많다. 혼합형에 대해서는 혼합의 정도를 확인한 뒤 판단하게 된다.

체형의 세 가지 타입과 의학적인 4분법의 비교

이 책의 앞쪽('2부 몸으로 보는 관상법'의 '1. 체형' 참조)에서 심성질, 영양질, 근골질의 세 체형을 설명했는데 그 기본 체형과 의학적인 4분법에 의한 기본 체형을 비교하면 다음과 같이 된다.

① 뇌형 : 심성질과 거의 같다고 해도 좋을 만큼 유사하다.

② 호흡기형 : 심성질에 가깝지만 다른 점도 많다.

③ 소화기형 : 대체로 영양질과 동일하다고 보면 된다.

④ 근육형 : 대체로 근골질과 동일하다고 할 수 있다.

체형에 따라 잘 걸리는 질환

의학적인 4분법에 의한 체형에 따라 걸리기 쉬운 질환은 각각 다음과 같다.

① 뇌형 : 두통이나 정신이나 신경 계통의 질환에 걸리기 쉽다.

② 호흡기형 : 인후염, 기관지염 등으로 목이 상하기 쉽고 기침이나 담이 자주 나온다.

③ 소화기형 : 설사하기 쉽다.

④ 근육형 : 관절이나 근육 계통에 질환이 많다.

2) 몸의 형태

상대방에게 어떤 질환이 있는가를 알려면 기본적으로는 다음 세 가지를 조사하면 된다.

① 손바닥

② 얼굴

③ 척추

이상 세 가지를 각각 다음의 세 가지에 유의해서 살펴보는 것이 중요하다.

① 색깔과 광택은 어떠한가.

② 무슨 형(型)인가.

③ 변형(變形)의 상태는 어떠한가.

따라서 병증(病症) 관측법의 구체적인 순서는 다음과 같다.

① 척추는 바른가(돌출이나 함몰 혹은 좌우의 어느 쪽으로 벗어났는지 등). 바르지 않다면 그 위치는 어디인가. 경추(頸椎)인가, 흉추(胸椎)인가, 요추(腰椎)인가, 선추(仙椎)인가, 혹은 추(椎)에서 몇 번째의 뼈인가 등을 살펴본다.

② 골반에 변형이 생겼는지 살펴본다.

③ 어깨의 좌우 높이가 다르지 않은지, 또 어깨가 굽어 있지는 않은지를 살펴본다.

④ 얼굴의 변형은? 목의 구부러짐, 얼굴의 좌우 균형 정도, 편도 비대나 갑상선의 종창(腫脹), 경부(頸部) 림프종의 유무 등을 살펴본다.

⑤ 코에 이상은 없는지 살펴본다.

⑥ 눈에 이상은 없는지 살펴본다.

⑦ 눈썹 좌우 높이는 같은지, 눈썹의 진한 정도나 털이 난 상태는 어떠한지 살펴본다.

⑧ 목덜미의 좌우 높이는 같은지 살펴본다.

⑨ 견갑골의 좌우 높이는 같은지 살펴본다.

⑩ 간장, 비장의 상태는 어떠한지(어느 부분이 높이 솟아 있는가에 따라 장기의 병증을 알 수 있다) 살펴본다.

⑪ 골반의 높낮이 차는 없는지(그에 따라 좌우 허리의 뼈에 고저

차가 생긴다) 살펴본다.

⑫ 관절부가 울리는 소리나 목소리(목의 결핵이나 기관지염에 따른 음성의 변화) 등은 어떠한지 살펴본다.

⑬ 호흡의 길고 짧음, 호흡의 난이도 등을 살펴본다.

이상과 같이 체상(體相)의 관측에 따라 기계의 도움을 받지 않아도 질환을 판단할 수 있다. '관상학이란 얼굴만을 보는 것이 아니라 인체의 모든 것을 보고 그 사람을 판단하는 방법'이라고 이미 설명했는데, 그것은 바로 의학적인 분야에까지 활용할 수 있음을 의미하는 것이다.

3) 어깨와 견갑골

양 어깨의 높낮이와 건강 상태

사람이 무의식중에 취하는 자세는 그 사람의 골격은 물론 내장의 건강상태를 자연스럽게 반영한다. 약한 부분이 있으면 그것을 감싸려고 하기 때문에 자세에 변화가 생기기 마련이다. 내장의 대부분이 상반신에 있으므로 내장의 이상은 상반신의 자세에 영향을 미친다.

어디가 이상한지 판단하는 가장 간단한 방법은 서 있는 자세나 앉은 자세를 살피는 것이다. 좌우의 어깨 높이가 같으면 아무 이상이 없다고 봐도 무방하지만, 어느 쪽이든 한쪽이 낮을 때는 정상으로 기능하고 있지 않은 부분이 있다고 보면 된다.

낮은 어깨가 오른쪽인지 왼쪽인지에 따라 그 사람의 체질이나 걸리기 쉬운 질환은 다음과 같이 달라진다.

① 오른쪽 어깨가 낮은 사람

본래는 소식가이다. 그러나 어떠한 이유로 오른쪽 어깨가 낮아졌을 때는 갑자기 대식하는 경우가 있다. 12세 이하의 어린이가 오른쪽 어깨가 낮아지고 있는 경우는 식욕이 없고 영양불량 상태이며 여윈 형일 것이다. 감기나 림프샘염에 걸리기 쉬우니 주의해야 한다.

② 왼쪽 어깨가 낮은 사람

대식가이다. 12세 이하의 어린이가 왼쪽 어깨가 낮아지고 있는 경우는 목의 상태가 일 년 내내 나쁘고 눈이 쉽게 충혈되거나 설사를 자주 할 것이다. 45세 이상의 여성이 왼쪽 어깨가 낮아지고 있는 경우는 눈병에 걸리기 쉽고, 일찍부터 돋보기를 쓰게 된다. 남성으로서 45세 이상인 경우는 영양을 과잉 섭취한 나머지 뇌출혈 등을 일으키기 쉽다.

오른쪽 어깨가 낮은 사람

견갑골의 위치와 질환

견갑골(肩胛骨)은 등의 상부에 있는 좌우 한 쌍의 삼각형 뼈를 일컫는데, 좌우 견갑골의 균형만 잘 살펴보아도 그 사람의 건강 상태를 판단할 수 있다.

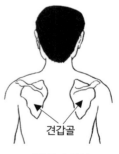

견갑골

견갑골의 위치

다만, 이럴 경우 판단하는 사람은 상대방의 뒤쪽에 서서 상대방의 후두부 위쪽으로부터 관찰해야 한다. 즉 여기서는 견갑골의 높낮이가 아니라 앞뒤로 기울어진 정도가 문제된다.

좌우 견갑골의 위치 관계는 다음의 일곱 가지 타입으로 분류되며, 각각마다 특징적인 체질이 있다.

① 정상형

좌우의 견갑골이 가지런하게 바른 형. 건강에 문제가 없다.

② 좌우 전굴형(前屈型)

전흉부(前胸部)에 걸쳐서 좌우의 견갑골이 좁아진 부정형(不正型). 감기에 걸리기 쉽고, 폐나 기관지에 이상을 일으키기 쉽다. 가슴이 수축되고 폐 면적이 좁아져서 이른바 '결핵형의 체형'이 될 수 있다.

③ 좌우 후굴형(後屈型)

견갑골이 좌우 모두 뒤쪽으로 벌어져 있는 부정형. 이런 형의 사람은 위장, 비장, 췌장에 이상이 있는 것으로 판단한다.

④ 좌전굴형(左前屈型)

오른쪽은 정상이지만 왼쪽의 견갑골이 앞으로 기울어져 있는 부정형. 동맥경화증, 냉증(冷症)이 되기 쉽다. 또한 심장과 폐의 좌측에 혈액이 부족해지기 쉽고, 좌측 폐에서 결핵이 발병할 수 있다.

⑤ 우전굴형(右前屈型)

왼쪽은 정상이고 우측만 전굴인 부정형. 우측 폐 및 우측 심장의 혈행(血行)이 좋지 않기 때문에 정맥류(靜脈瘤)나 피부병 등에 걸리기 쉽다. 피부색이 거무튀튀한 것이 특징이다.

⑥ 좌후굴형(左後屈型)

오른쪽은 정상이지만 왼쪽의 견갑골이 뒤로 벌어져 있는 부정형. 뚜렷한 증상은 없지만 이런 형은 허리에서부터 발에 걸친 하반신 도한(盜汗, 식은땀)이 나는 경우가 많다.

⑦ 우후굴형(右後屈型)

왼쪽은 정상이고 우측만 후굴의 부정형. 상반신에 식은땀이 나는 경우가 많다.

이상과 같이 견갑골의 좌·우, 전·후굴을 조사하는 것만으로도 그 사람이 걸리기 쉬운 질환이나 후천적인 체질을 알 수 있다. 이처럼 관상학이란 의학 분야에까지도 영향을 미칠 만큼 넓은 범위를 아우르고 있다.

3부

수상법

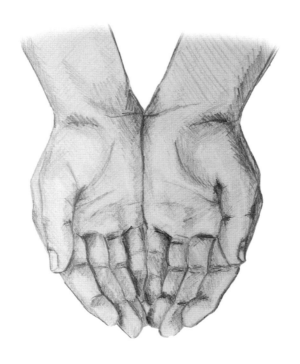

1. 손과 손가락

1) 오른손과 왼손

수상(手相), 즉 손금에 대한 여러 가지 논란들이 있다. 그중 가장 대표적인 것이 '오른손을 봐야 하는 것인가? 왼손을 봐야 하는 것인가?'이다.

대체로 왼손은 유전적·선천적인 면과 어린 시절의 생활환경을 나타내고, 오른손은 후천적인 면과 수양이나 노력에 의한 생활의 변화를 나타내며, 왼손잡이는 이것과 반대라는 통설이 돌아다닌다. 그러나 정답부터 말하면 오른손잡이는 오른손, 왼손잡이는 왼손을 보면 된다.

우리는 모두 양손에 비슷한 손금을 가지고 태어난다. 하지만 시간이 흐르면서 주로 사용하는 손에서 많은 변화가 일어나게 된다. 오른손잡이는 오른손, 왼손잡이는 왼손 손금에서 더욱 변화가 생기는 것이다. 이는 살아온 삶이 손에 점차 반영되는 것이고, 그 손이 세상에서 보는 내 모습인 셈이다.

본인이 오른손잡이라면 오른손은 일반적으로 후천적인 운세(현재 + 미래)를 나타낸다. 왼손은 선천적인 운세, 다시 말해 타고난 성향을 나타낸다고 보면 된다.

예를 들어, 사실 소극적인 성향이 본래의 기질인데 그런 모습을

보이기 싫어 점차 적극적인 성격으로 바뀐 사람이 있다고 가정해
보자. 이 사람이 오른손잡이라면 왼손에는 소극적인 성향의 손금
이, 오른손에는 적극적인 성향의 손금이 나타나는 것이다.

보통 손금을 해석할 때는 과거의 내 모습보다 현재와 미래의
운세를 더욱 궁금해 한다. 그렇기 때문에 주로 사용하는 손 위주로
해석하면 된다. 다시 한 번 결론을 말하면 손금은 주로 사용하는
손으로 보고, 반대편 손은 참고만 하는 것이다.

2) 손의 크기

큰 손

체구에 비해서 손이 큰 사람은 매우 섬세하고 꼼꼼한 성격이며
손재주가 있다. 그러나 신경을 쓰는 나머지 상대방의 눈치를 살
피는 데 열중하여 소심해지기 쉽다.

이러한 손을 가진 사람은 사업이나 경영에 부적당하다. 여성으
로서 손이 크면 가사나 육아에 대부분의 시간과 정성을 쏟을
만큼 가정적인 성향이 많다.

작은 손

체구에 비해서 손이 작은 사람은 본래 자유분방한 천성으로
남의 밑에 있는 것을 싫어하고 독립정신이 강하다. 세밀한 일을
싫어하고 자신이 실행할 수 없는 큰 계획이나 목표를 세우는
기질이 있다.

행동이 지나치게 주관적이거나 냉정하게 비쳐지는 결점이 있고, 뒷수습을 제대로 못하는 경우도 나타난다. 여성으로서 손이 작은 사람은 도량이 넓고, 남성들과 어깨를 나란히 하며 큰일을 도모하는 타입이다.

3) 손바닥의 상

손바닥의 상(相)은 적당한 두께와 적당한 탄력을 갖는 것이 이상적이며, 이와 같은 표준형의 손바닥은 선량하고 근면한 성질을 나타낸다.

손바닥의 살이 두텁고 표피가 지나치게 단단하면 거칠고 야비한 성질을 나타낸다. 반면 살이 두텁고 표피가 부드러운 손바닥은 나태한 성질을, 살이 얇고 표피가 단단한 손바닥은 냉혹하고 타산적인 성질을 나타낸다.

대개 단단한 손바닥은 물질적인 기질이, 유연한 손바닥은 정신적인 기질이 강한 성격을 나타낸다.

4) 손바닥의 색깔

손등의 색깔은 얼굴색과 관계가 깊다. 즉 손등이 흰 사람은 얼굴색도 희고, 검은 사람은 얼굴색도 검다. 그러나 손등의 색깔과 성격과는 관계가 적다.

반면에 손등과는 달리 손바닥의 색깔은 사람의 성격과 대단히 유사한 관계가 있다. 손바닥이 창백한 사람은 일반적으로 냉정하고 자신 이외의 일에는 흥미를 갖지 않는다. 또 황색을 띤 손바닥은 신경질적인 성질이어서 교제에 문제가 많다. 붉은색을 띤 손바닥을 가진 사람은 열광하기 쉬운 성질이다. 뛰어난 체력을 갖고 태어났지만 몸을 아끼지 않고 일하기 때문에 과로하기 쉽다.

손바닥의 이상적인 색깔은 담홍색과 백색을 섞어 놓은 것이다. 이러한 사람은 쾌활하고 희망으로 넘치고 있음을 나타낸다.

5) 손가락

손가락의 명칭

의외로 다섯 손가락의 명칭을 잘 모르는 사람이 많다. 우리말과 한자어(漢字語)로 표현할 때가 다르고, 그 명칭도 여럿이라는 점도 하나의 이유가 될 것이다. 손금을 볼 때 손가락의 명칭을 제대로 알아야 혼동이 일어나지 않으므로 가장 일반적으로 사용되는 것들을 알아본다.

손가락의 명칭

엄지(무지(拇指))

검지(인지(人指), 식지(食指))

중지(中指 ; 장지(長指))

약지(藥指 ; 무명지(無名指))

소지(小指 ; 계지(季指))

이 책에서는 다섯 손가락의 명칭을 각각 엄지, 검지, 중지, 약지, 소지로 통일하기로 한다.

엄지

엄지는 의지력과 생활력의 상징으로서 인간의 정신생활에 있어 필요한 3요소, 즉 지(知), 정(精), 의(意)의 상태를 나타낸다. 한마디로 그 사람의 개성을 말하는 것이 엄지이다.

이상적인 엄지는 그 길이나 굵기가 손 전체와 조화를 이룬 것이다. 엄지 자체의 길이는 검지의 위로부터 두 번째 관절에 이르는 것이 표준이다. 또 관절로 나누어진 각 부분이 균형 있게 발달해 모양이 좋아야 한다. 이와 같은 엄지는 지정의(知精意)의 원만한 발달, 즉 정신적 조화를 나타내는 것이다.

엄지는 관절이 부드러워 뒤로 젖혀지는 것과 경직되어 젖혀지지 것의 두 종류로 나눌 수 있다. 관절이 유연하여 뒤로 젖혀지는 엄지는 일반적으로 솔직하고 순종적인 성격을 나타낸다. 또한 관절이 단단해서 뒤로 젖혀지지 않는 엄지는 강한 개성의 소유자임을 나타낸다. 이와 같은 엄지의 소유자는 유연한 엄지를 가진 사람보다 의지력과 결단력이 강하다.

검지

개개의 손가락은 각기 다른 의미를 나타내고, 그 의미는 그 손가락 바로 밑의 구(丘, 언덕)가 나타내는 의미와 동일하다. 말하자면 검지는 그 바로 밑의 목성구가 상징하는 패기, 야심, 지배욕, 투쟁심, 향상심, 자신감 등의 의미를 나타낸다.

검지의 길이는 중지의 첫 번째 관절 위 중앙 지점에 이르는 것이 표준으로, 이 표준보다 길고 굵은 검지는 권력을 좋아하고 향상심, 자신감, 지배욕 등이 왕성한 성격을 나타낸다. 그러나 그것이 지나치게 길면 폭군이나 독재자 혹은 극단적인 이기주의자가 되기 쉽다. 반면에 표준보다 짧다고 생각되는 검지는 대체적으로 일이나 직무를 싫어하고 책임감이나 패기가 모자라는 소극적인 성질을 나타낸다.

중지

중지는 다섯 손가락의 중심에 위치하므로 인생의 중심을 상징하는 손가락이라고도 말하며, 토성구에 뿌리를 두어 운명을 상징하기도 한다.

중지는 손가락 중에서 가장 긴 것이 보통으로 이 손가락의 길이가 표준이라면 신중, 세심, 사리분별 등의 의미를 나타낸다. 그러나 그 길이가 눈에 띄게 길면 우울, 고독, 염세 등의 변질적인 성격을 나타낸다.

보통 이하로 짧은 중지는 끈기가 없거나 천박하고 경솔한 성품 등의 의미를 나타낸다. 특히 짧은 중지의 손가락 끝이 뾰족하게 되어 있는 경우가 그렇다. 또한 그 길이가 지나치게 짧으면 강한 히스테리나 살인적인 성향의 소유자임을 표시한다.

약지

약지는 태양구의 뿌리에 있는 손가락이다. 따라서 태양구가 상징하는 예술이나 부(富) 또는 인기를 나타내는 손가락이다.

약지의 길이는 중지의 첫 번째 관절 위 중앙 지점에 이르는 것이 표준이다. 만약 약지가 표준보다 길면 문학, 미술, 음악, 예능 등 예술을 애호하는 성질을 표시한다. 또 명성이나 영예에 대한 의욕이 강하며 대체로 운이 따르는 사람이다. 그러나 이 손가락이 눈에 띄게 길어 거의 중지와 같다거나 그 이상으로 길면 투기와 도박 성향의 사람으로 금전욕이 강하여 세간의 악평이나 추문에 휩싸이는 경우가 많다.

약지가 표준 이하로 짧으면 영예나 명성 등에 무관심하고 예술에 대한 애호심 역시 없는 사람이다. 대개 성질이 비속하고 활기가 모자라는 사람이다.

소지

소지는 수성구가 상징하는 웅변, 상재(商才), 과학적 재능, 기민(機敏) 등의 의미를 나타내는 손가락이다. 소지는 또 사기, 허위, 도벽(盜癖) 등의 성질을 나타내는 경우도 있다.

소지는 보통 약지의 첫 번째 관절에 이르는 것이 표준이다. 소지가 이것보다 길고 동시에 크면 상재가 뛰어나거나 표현력, 특히 웅변에 능하다는 것을 표시한다. 또 반성, 숙려(熟慮), 왕성한 지식욕 등의 의미를 나타낸다. 그러나 과도하게 긴 소지는 권모술수, 사기, 허위 등의 부정한 성질을 표시한다.

보통 이상으로 짧은 소지는 환경이나 새로운 사태에 대한 적응이 기민한 것을 의미한다. 그러나 지배하기보다는 지배당하면서 일생 역경에서 헤어나지 못하는 타입이다.

2. 손금과 손의 언덕

1) 손금

손금에 대한 이해

손바닥의 표면을 가로 세로로 달리는 선, 즉 손금은 사람의 수명, 체질, 질병, 상해 등 건강에 관한 문제나 운세의 성쇠(盛衰), 결혼, 재운(財運), 권력 등 운명적으로 발생하는 문제들을 예고한다. 우리들은 손금이 보여주는 이러한 암시를 통해 현재의 삶을 되돌아보고 미래의 삶에 대비할 수 있는 것이다.

손금은 그 선이 길수록 나타내고 있는 본래의 의미를 강조하게 된다. 이를테면 두뇌선이 길수록 판단력, 추리력, 기억력 등이 뛰어나고, 생명선이 길수록 건강과 장수(長壽)를 시사한다. 그러나 손금은 단순히 긴 것뿐만 아니라 적당한 깊이와 폭으로 한 줄로 명확하게 새겨진 것이 가장 이상적이다. 만약 선이 끊어져 있거나 흐릿하든지 또는 선에 좋지 않은 무늬나 기호가 있는 경우, 혹은 선 자체가 흐트러져서 변칙적인 모양을 하고 있으면 좋은 뜻은 감소하고 나쁜 뜻은 증가한다.

손금은 불변하는 것이 아니다. 삶의 방식이나 환경, 운동이나 질병, 사고 등에 의한 신체의 변화 같은 여러 가지 원인과 영향에 의해 서서히 달라진다. 달리 표현하면 운명은 선천적으로 갖고 태어나는 것인 동시에 자기가 바꾸어가고 개척해가는 것임을 알아야 한다. 그러나 손금 중에서 적어도 3대 주요선이라 일컫는 생명선, 두뇌선, 감정선은 거의 변하지 않는 것이 일반적이다.

손금의 종류

좌우의 손에 완전히 동일한 선이 나타나 있는 경우는 드물다. 예를 들면 좌우의 생명선과 두뇌선은 그 모양에 크든 작든 차이가 있다. 양쪽 선의 이와 같은 차이는 서로의 단점을 상호 보완하는 것이다. 따라서 수상 판단의 정확성을 기하기 위해서는 양쪽의 손을 면밀히 관찰할 필요가 있다.

손금에는 흔히 3대 주요선으로 일컫는 생명선, 두뇌선, 감정선을 비롯해 여러 종류가 있다. 그 선들의 명칭과 위치, 나타내는 뜻은 다음과 같다.

① 생명선 : 체질과 질병을 표시한다.

② 두뇌선(지능선) : 지능의 정도와 두부(頭部)의 질환을 표시한다.

③ 감정선 : 감정과 심장의 강약을 표시한다.

④ 운명선 : 운명의 성쇠(盛衰)를 표시한다.

⑤ 태양선 : 성공과 금운(金運)을 표시한다.

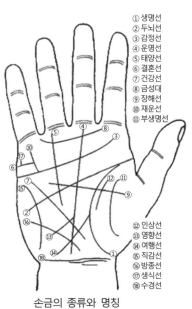

① 생명선
② 두뇌선
③ 감정선
④ 운명선
⑤ 태양선
⑥ 결혼선
⑦ 건강선
⑧ 금성대
⑨ 장해선
⑩ 재운선
⑪ 부생명선

⑫ 인상선
⑬ 영향선
⑭ 여행선
⑮ 직감선
⑯ 방종선
⑰ 생식선
⑱ 수경선

손금의 종류와 명칭

⑥ 결혼선 : 결혼관계의 길흉(吉凶)을 표시한다.

⑦ 건강선 : 질병의 유무를 표시한다.

⑧ 금성대(매혹선) : 다감한 성질과 정욕을 표시한다.

⑨ 장해선 : 다른 선들이 가진 뜻에 장해를 표시한다(장해선은 어느 위치에서도 나타날 수 있다).

⑩ 재운선 : 행운과 재운(財運)을 표시한다.

⑪ 부생명선 : 생명선을 보강한다.

⑫ 인상선 : 애정관계를 표시한다.

⑬ 영향선 : 결혼의 길흉과 그 시기를 표시한다.

⑭ 여행선 : 여행의 길흉을 표시한다.

⑮ 직감선 : 특이한 감수성을 표시한다.

⑯ 방종선 : 정력의 소모를 표시한다.

⑰ 생식선 : 생식 능력의 강약을 표시한다.

⑱ 수경선 : 건강을 표시한다.

이 밖에도 수상(手相) 전문가에 따라 직업선, 후원선, 인기선 등을 추가하는 경우가 있지만, 여기서 소개한 내용만으로도 부족함이 없기 때문에 생략한다. 손금은 복잡한 정신 활동이나 민감한 감수성을 가진 사람일수록 다양하게 나타나며, 사람에 따라서는 겨우 2, 3개의 선밖에 볼 수 없는 경우도 있다.

한편 본래의 선에서 갈라져 나오는 모든 선을 지선(支線)이라고 한다. 지선은 위로 향하는 것과 아래로 향하는 것이 있는데, 상향(上向)의 지선은 본래의 선의 의미를 강하게 하고 하향(下向)의 지선은 본래의 선의 의미를 약하게 한다.

상향의 지선

본래의 선 하향의 지선

지선

2) 손의 언덕

손의 언덕에 대한 이해

손의 언덕을 수상학(手相學)에서는 구(丘 ; 언덕)라고 하는데, 손바닥 표면의 융기한 부분을 말한다. 구는 유전에 의한 선천적인 성질을 표시하며, 면적이 넓고 탄력이 좋으며 적당히 융기한 것을 잘 발달한 것으로 본다. 구는 10개로 구분되며('지구'를 뺀 9개로 구분할 수도 있다) 명칭과 위치는 다음과 같다.

목성구(木星丘) : 검지의 아랫부분

토성구(土星丘) : 중지의 아랫부분

태양구(太陽丘) : 약지의 아랫부분

수성구(水星丘) : 소지의 아랫부분

제1화성구(火星丘) : 목성구의 아랫부분

제2화성구(火星丘) : 수성구의 아랫부분

금성구(金星丘) : 엄지의 아랫부분

월구(月丘) : 제2화성구의 아랫부분

화성평원(火星平原) : 사방의 구를 뺀 손바닥 중앙의 오목한 부분

지구(地丘) : 손목의 윗부분

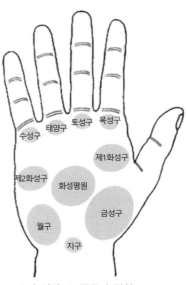

손의 언덕(丘) 종류와 명칭

구는 잘 발달한 구, 발달하지 않은 구, 과도하게 발달한 구의 세 가지로 나누어 관찰하게 된다.

잘 발달한 구는 그 구가 상징하는 좋은 성질도 더불어 발달하고 있는 것이다.

발달하지 않은 구는 그 구가 상징하는 좋은 성질이 빈약하며, 만약 구가 오목하게 되어 있으면 그 구가 상징하는 본래의 성질과는 반대의 성질을 갖고 있음을 시사한다.

과도하게 발달한 구는 그 구가 상징하는 나쁜 성질을 강조하게 된다.

목성구

지배욕, 권세욕, 패기, 향상심(向上心), 독립심, 도의심, 명예심, 신앙심 등의 좋은 의미와 횡포, 오만, 허영, 무절제 등의 나쁜 의미를 표시한다.

토성구

사려, 신중, 존엄 등의 좋은 의미를 표시하는 경우와 고독, 우울, 비사교성, 염세, 불운 등의 나쁜 의미를 나타내는 경우가 있다.

태양구

예술미, 표현력, 명성, 부(富), 매력, 열정, 감수성 등의 좋은 의미를 표시하는 경우와 허식(虛飾), 낭비 등의 나쁜 의미를 표시하는 경우가 있다.

수성구

기지, 이재(理財), 능변(能辯), 과학, 사업적 재능 등을 표시하는 경우와 그 반대로 허위, 사기, 도벽, 교활, 불신용 등의 의미를 표시하는 경우가 있다.

제1화성구

용기, 진취력, 의지력, 끈기 등의 적극적인 성질을 표시하는 구이다.

제2화성구

인내력, 극기심, 자제심, 침착성 등의 수동적인 용기를 상징하는 구이다.

금성구

온정, 관용, 찬미, 가정, 건강 등의 좋은 의미를 표시하는 경우와 음울, 무절제, 변덕 등의 나쁜 의미를 표시하는 경우가 있다.

월구

상상과 공상, 미(美)에 대한 동경, 신비에의 관심 등을 상징하는 구이다.

화성평원

평탄한 화성평원이 의미하는 바는 특별히 없고, 구태여 말하자면 온화한 성질을 표시한다. 화성평원이 오목하게 패어 있는 경우는 운세도 없고 생활력 또한 모자라는 것을 의미한다. 볼록하게 올라와 있으면 불요불굴의 투쟁적인 정신과 오만한 성격을 표시한다. 바꿔 말하면 왕성한 생활력을 나타내는 것이다.

지구
탄생, 가족애, 성격, 조상과의 관련성 등을 상징하는 구이다.

3) 손바닥의 기호

손바닥의 기호에 대한 이해
손바닥의 기호는 장문(掌紋)이라고 한다. 장문은 선(線)이 아닌 일종의 기호로 이것에 의해서도 앞날의 길흉을 알 수 있다. 장문에는 여러 가지 종류가 있는데 그중에는 불의의 사건이나 급격한 변화를 예고하는 중요한 문(紋)도 있으므로 미미한 문이라 하더라도 주의 깊게 살펴보아야 한다.

문은 구(丘) 위에 단독으로 나타나는 것도 있지만 선 위나 선과 만나서 나타나는 경우도 있다. 또 같은 종류의 문이더라도 그 모양이 불규칙하고 크기가 각각 다르며 나타나는 위치 또한 일정하지 않다.

손바닥 기호의 종류
손바닥에 나타나는 기호, 즉 장문에는 여러 가지 모양이 있다. 가장 많이 볼 수 있는 것들을 알아본다.

• 삼각 무늬 : 이 무늬는 구의 어느 곳에 나타나 있더라도 그 구가 상징하는 의미를 더욱 강화시킨다. 그러나 선과 만나는 경우에는 그 선의 의미를 약화시킨다.

• 사각무늬 : 이 무늬가 선 위에 나타나 있으면 재난, 위기, 재앙으로부터 벗어남을 의미한다.

• 격자무늬 : 나타나는 위치에 관계없이 곤란, 방해 등의 의미를 표시한다.

• 섬 무늬 : 선의 어느 곳에 나타나 있어도 그 선이 표시하는 의미를 약화시키거나 방해하는 불길한 상이다.

• 십자 무늬 : 대개 선 위에 나타날 때는 불길한 변화를 뜻하는 것으로 곤란, 불행, 위험, 손실 등을 암시한다. 모든 무늬 중에서 선 끝에 나타난 십자 무늬가 가장 나쁜 뜻을 지닌다. 다만 목성구에 나타나는 십자 무늬만은 예외적으로 행운을 표시한다.

• 별 무늬 : 대개 행운, 성공의 길상을 나타내지만 장소에 따라 흉상도 된다.

• 반점 : 일반적으로 3대 주요선에 밀착해 나타난다. 이와 같은 반점이 선과 나란히 있으면 그 선이 표시하는 의미의 성장과 발달을 저해한다.

• 창 무늬 : 행운이 온다는 암시이다.

• 삼발이 무늬 : 행운을 뜻한다.

삼각 무늬

사각 무늬

격자무늬

섬 무늬

십자 무늬

별 무늬

반점

창 무늬

삼발이 무늬

4) 손금의 유년법

유년법에 대한 이해

인생을 살아가다 보면 질병, 결혼, 이혼, 성공, 실패, 재난, 이별, 사망 등등의 여러 가지 일이나 사건에 직면하게 된다. 그런데 사람들에게는 이러한 일이나 사건이 발생하는 것도 커다란 문제이지만 한걸음 더 나아가 과연 그것이 일어나는 시기가 언제인가 하는 것이 항상 관심거리였고 의문시되어 왔다. 수상학에서 이러한 시기, 즉 일이나 사건이 발생하는 때를 예견하는 방법이 바로 유년법(流年法)이다.

유년법에 과학적 근거는 물론 없다. 이에 관한 문헌이나 기록도 예외 없이 간단하게 기술되어 있는 것이 전부이다. 온전히 축적된 경험에 의한 것으로 어떻게 해서 그렇게 되는가 하는 질문에는 명쾌하게 답을 할 수 없다. 즉 이론적인 설명은 불가능하다. 따라서 유년법에 익숙해지기 위해서는 많은 경험을 통해 터득하는 것 이외의 다른 방법은 없다. 왜냐하면 각 개인의 손은 그 생김새부터 크기와 길이까지 모두 천차만별이기 때문이다.

유년법을 적용하는 대상에는 생명선, 두뇌선, 감정선, 운명선, 태양선 등의 선이 있다. 그러나 가장 관계가 깊은 선은 생명선과 운명선이다.

생명선의 유년법

생명선은 검지의 기저선과 엄지와의 중간 지점에서 출발하여 금성구를 감싸면서 달리는 선이다.

생명선의 유년법에서는 생명선의 기점을 생년(1세)으로 하고 손 등에서 끝나는 종착점을 90세로 한다. 그리고 이 전체 길이의 중간 지점을 40세로 본다. 대개 인간의 생명력이 가장 왕성한 정점에 이르는 시기는 40세 전후이다. 이 40세 전후의 최전성기를 정점으로 하여 점차 후반의 노년기로 접어들게 된다는 뜻으로 생명선 자체도 이 정점을 거쳐 후반부터는 하향 곡선을 그리게 된다.

따라서 유년을 취하는 방법은 생명선의 기점에서 손바닥 중앙을 향하여 힘차게 뻗어간 정점 즉 생명선이 하향의 곡선을 그리는 지점의 조금 위쪽을 40세로 본다.

다음에 검지와 중지가 갈라지는 곳(A)에서 가상의 수직선을 그었을 때 그 수직선과 생명선의 위쪽 교차점을 20세, 아래쪽 교차점을 90세로 한다. 이때의 가상 수직선은 검지에서 엄지로 연결되는 바깥쪽의 선과 평행해서 달리는 수직선을 말한다.

그리고 생년에서 20세까지의 중심점을 10세, 20세에서 40세까지의 중심점을 30세로 하고, 40세에서 90세까지의 간격을 5등분하여 순서대로 50세, 60세, 70세, 80세로 유년을 잡는다.

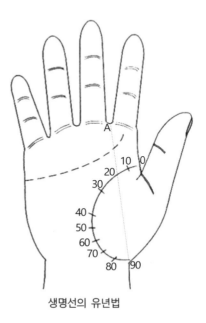

생명선의 유년법

운명선 및 태양선의 유년법

운명선은 손바닥 아래 첫 번째 수경선(손바닥과 손목 경계에 있는 선)의 약간 위쪽에서 시작해 중지 밑의 토성구를 향하여 상승하는 선이다. 따라서 이 선도 그 기점에 따라 밑에서부터 위로 유년을 읽는다.

우선 운명선의 기점을 생년(1세)으로 하고, 일반적인 위치에 있는 건강선과 운명선과의 교차점을 20세로 한다. 그러나 건강선은 사람에 따라 전혀 나타나 있지 않을 때도 있고, 혹은 나타나 있어도 짧은 선으로 되어 있거나 표준적인 위치에 나타나 있지 않은 경우가 더 많다. 이러한 경우는 가상으로 건강선을 그려보는 것이 좋다.

다음으로 표준의 위치에 있는 두뇌선과의 교차점을 35세로 한다. 수상 전문가에 따라서는 두뇌선과의 교차점을 이것보다 낮추어 30세로 해석하는 경우도 있다.

운명선이 20세에서 35세를 나타내는 이 부분은 인생에 있어서 가장 활동적인 시대를 상징하는 화성평원 안에 위치하고 있기 때문에 훗날 이 사람이 출세하는가 아니면 실패하는가를 가늠해 볼 수 있다. 따라서 이 시기

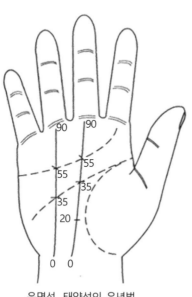

운명선, 태양선의 유년법

의 운명선의 상태에 대해서는 특히 관심을 가지고 세심하게 살펴보아야 한다.

운명선과 감정선과의 교차점은 50세로 보는 사람도 있고 또는 55세로 보는 사람도 있다. 그러나 대체로 55세로 보는 것이 타당하다는 중론이다. 그리고 중지의 밑을 90세로 한다.

태양선의 유년법은 운명선에 기준해서 보면 된다.

5) 손의 3분법

관상에서 얼굴을 상정(上停) · 중정(中停) · 하정(下停)으로 분할해서 삼정(三停)으로 보는 방법이 있다. 수상에서도 마찬가지로 손을 삼등분하여 상부(上部) · 중부(中部) · 하부(下部)로 나누어서 볼 수 있다.

상부
네 개의 손가락 부분을 가리키며 이 부분이 발달된 사람은 두뇌가 명석하다고 본다.

이 상부는 일명 정신세계라고도 부르는데, 손 전체와 비교해서 네 손가락 부분이 짧지 않고 움직임이 유연하며 손가락 마디가 단단해서 힘이 있어 보이면 좋은 상부를 가졌다고 할 수 있다.

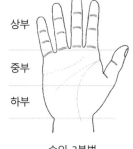

손의 3분법

중부

엄지 첫 마디부터 시작한 손바닥 부분을 말하며 이 부분이 발달된 사람은 현실감각과 활동력, 진취성이 있어서 정치, 경제, 군인, 또는 공업 분야에서 성공하는 타입이다.

손바닥 피부가 팽팽하고 바닥이 깊고 면적이 약간 넓은 편에 속하며, 손등을 보았을 때 살이 적당히 붙어 있다면 좋은 중부를 가졌다고 볼 수 있다.

하부

손목에서부터 손가락뼈가 시작되는 곳까지를 말하는데, 이 부분은 사람의 본능을 나타내는 면으로 생각한다. 성적(性的) 본능이나 의식주에 관한 본능이 그 대표적인 예가 된다.

하부의 살가죽이 두껍고 엄지 아랫부분 즉 금성구가 강한 느낌을 주는 사람은 사고방식이 단순하고 이해타산을 앞세우며 이기적으로 행동하는 경향이 많다.

3. 생명선

생명선은 무엇인가?

생명선(生命線)이라고 하는 것은 검지의 아랫부분에서 시작하여 금성구를 크게 반원형으로 둘러싸면서 손목에 흐르는 굵은 선을 말한다.

이 생명선은 인간에게 극히 중요한 수명과 건강 상태를 나타낸다. 사람이 살아가는 데 있어서 무엇이 가장 중요하며, 무엇이 제일 행복한가? 이는 새삼스럽게 말할 것도 없이 건강하게 장수(長壽)하는 것이다.

가정의 평화와 사업의 번창, 그리고 사회에서의 모든 활동도 그 원동력은 건강에 있다. 생명선은 바로 이러한 체력, 건강 상태를 말해준다. 제일 중요한 3대선(大線)의 하나로서 그 사람의 체질, 질병, 수명 등 육체에 관한 모든 것을 나타내는 것이다. 따라서 생명선은 생활선(生活線)이라고도 할 수 있다.

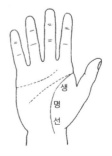

생명선은 도중에 아무런 장애나 기호도 없이 굵고 깊고 길게 똑똑하게 뻗어나간 아름다운 담홍색을 가진 것이 제일 좋은 상

(相)이다. 이러한 생명선을 가진 사람은 일생을 건강하고 무사(無事)하게 장수(長壽)할 수 있다.

장수할 상

생명선(A, B)이 손바닥의 중앙까지 흐트러짐이나 끊김 없이 길게 뻗어 있는 사람은 장수(長壽)할 상이다. 단 두뇌선과 감정선도 좋아야 한다.

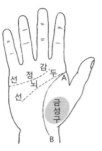

그리고 생명선이 길게 뻗어 있고 금성구가 두툼한 사람은 감정이 풍부하고 매력, 정력, 생활력을 갖추고 있으며 예술 방면에도 재주를 지닌 사람이다.

장수할 상

단명할 상

생명선이 대단히 짧은 경우가 있다. 이것은 단명(短命)할 상으로 보는 게 원칙이다.

오른쪽 그림처럼 생명선(A, B)이 짧아도 다른 곳에 좋은 선이 있으면 달리 판단할 수 있지만, 대체로 생명선이 짧은 사람은 그림과 같이 다른 두 개의 선, 즉 두뇌선(C, D)과 감정선(E, F)도 상이 나쁘거나 끊어져 있다. 이렇게 3대 주요선의 상이 나쁘면 수명이 무척 짧은 것으로 판단한다.

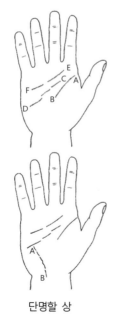

또 오른쪽 아래의 그림처럼 건강선(A, B)이 흐트러져 있는 상은 오랫동안 병을 앓

단명할 상

게 된다는 것을 예고한다. 만약 그 선의 색이 누렇다면 간장병 질환을 뜻하는 것이다.

단, 이러한 나쁜 선이 양쪽 손에 있을 때는 단명으로 판단할 수 있고, 왼쪽 손에는 있으나 오른쪽 손은 그렇지 않다면 단명의 판단을 유보해야 한다. 왼쪽 손과 달리 오른쪽 손은 보통의 손금을 가진 사람은 선천적으로 타고난 허약한 체질을 절제 있는 생활과 규칙적인 운동 등 꾸준한 몸 관리를 통해 건강한 체질로 고쳐나가야 한다.

허약한 상

생명선(A, B)이 금성구에 반원형(半圓形)으로 둥글게 그려지지 않고 손목 쪽으로 곧게 내려간 상이 있다. 이것은 금성구를 반원형으로 둘러싼 상의 선에 비하여 길이가 짧을 수밖에 없다. 이러한 사람은 단명까지는 아니더라도 대단히 허약한 체질을 가진 사람이다. 생명선이 짧은 데다, 생명선이 금성구를 반원형으로 감싸지 않은 탓에 금성구가 좁아졌기 때문이다. 따라서 금성구의 활동적인 면이나 정력, 애정, 매력 등이 자연 감소되는 것이다.

이런 선의 사람은 잦은 병치레를 하며 애정운이 없고, 정력이 부족하고 자식운도 적거나 없다. 냉정한 성격에 이기주의자일 확률도 높다.

여성으로서 이러한 선을 가진 사람은 매력이 없고, 남편운과 자식운이 희박하다.

또 이러한 생명선과 더불어 두뇌선(C, D)

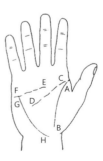

허약한 상

과 감정선(E, F)이 흐트러져 있거나 짧으면 일생 동안 병에서 벗어나지 못하는 무기력한 사람이라고 볼 수 있다. 특히 건강선(G, H)은 건강하지 않을수록 진하고 길며, 여러 개이거나 갈라지는 법인데, 그림처럼 길게 나타나면 앞에서 말한 뜻이 더욱 강해진다.

문제가 있는 생명선

생명선(A, B)이 길다고 건강하고 장수한다고는 말할 수 없다. 선이 흐트러지거나 섬 무늬[島形] 기호가 있으면 반대로 해석해야 한다. 선의 폭이 넓고 얕은 것은 흐트러져 있는 것과 같은 뜻으로 생명선이 약하다는 것을 말해주고 있다. 이러한 사람은 타고난 저항력이 약하기 때문에 일단 병에 걸리면 남보다 훨씬 고생하게 된다.

생명선만 폭이 넓고 얕다면 생명력이 약한 것뿐이지만, 두뇌선(C, D)과 감정선(E, F) 모두 폭이 넓고 얕은 사람은 머리도 좋지 않고, 심장도 약하다는 것을 의미한다. 또한 그림에서처럼 폭이 넓고 긴 건강선은 항상 몸의 상태가 부실하고, 심장도 약하다는 것을 나타낸다.

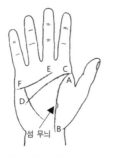

문제가 있는 생명선

이러한 사람은 육체적, 정신적으로 끈기가 없다는 것이 제일 큰 문제이다. 그 때문에 게으름뱅이가 되기 쉽고, 머리도 과히 뛰어난 편이 아니므로 성공이 늦다. 따라서 충분한 영양 섭취와 몸 관리를 통해 먼저 건강부터 챙기는 것이 무엇보다 중요하다.

급변의 상

짧은 생명선(A, B)은 단명할 상인데, 이와 함께 그 말단에 별 무늬[星形]의 기호가 나타나는 때가 있다. 이것은 급변(急變)을 만나 횡사(橫死)할 수도 있는 대단히 나쁜 상이다.

중지의 아래쪽, 즉 토성구에서 시작한 운명선(C, D)이 생명선에 걸쳐진 상 또한 급변을 당할 수 있음을 뜻한다.

극단적인 성격의 상

생명선(A, B)과 두뇌선의 기점은 같고(A, C) 감정선은 떨어져 있는 것이 일반적이다. 그런데 이 3대 주요선이 전부 같이 결합된 상이 있다.

외국에서는 변사, 정사(情死), 자살 등의 가능성이 있는 나쁜 상으로 생각한다. 판단력을 잃고 스스로 무덤을 파는 사람이라고 설명하고 있다.

이러한 경향이 있음은 인정하지만 반드시 그런 것인가에 대해서는 다시 살펴보아야 한다.

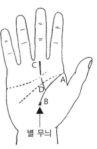

별 무늬

급변의 상

이렇듯 별난 손금의 주인공은 한마디로 '나쁜 사람인데 겉으로 보기에는 좋은 사람'이다. 내면(內面)은 애정 없이 메마르고, 가정에 대해 무관심하면서 냉정한 극단적인 이중성격자(二重性格者)이다. 그러나 겉모습은 따뜻하고, 가족을 위해서 열심히

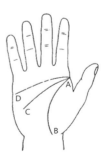

극단적인 성격의 상

일하는 사람이다. 그러므로 세상이나 타인에게 이용당하는 일도 많고, 자기 생각과는 다른 엉뚱한 행동을 강요당해도 잠자코 따르기도 한다.

성격이 이중적이고 극단적인 만큼 스스로 알아서 평소에 마음을 다스려야 한다. 그렇지 않았을 경우 앞서 언급한 변사나 정사, 자살 등의 가능성도 배제할 수 없는 것이다.

불임의 상

보통 생명선은 반원형을 그리며 손목 쪽으로 내려온다. 그런데 여성의 생명선이 월구의 아래쪽으로 내려오는 경우(A, B) 불임(不姙)을 의미한다. 단지 이것은 여성의 경우에 한하며, 남자로서 이러한 상이라면 전혀 다른 판단을 하게 된다.

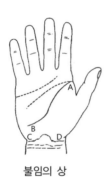

불임의 상

또한 여성의 손목에 있는 선 중 제일 위의 선(C, D)이 구부려져 손바닥 쪽으로 올라가 있는 상도 불임을 나타낸다. 만일 생명선과 손목 선이 동시에 이러한 상에 해당하는 여성이라면 임신할 가능성이 거의 없다고 볼 수 있다.

생명선에 나타나는 병의 상

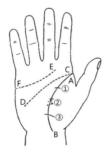

생명선에 나타나는 병의 상

생명선(A, B)의 도중을 옆으로 끊어나간 짧고 가는 선(①)이 나타나는 것은 가벼운 병에 걸릴 수 있음을 의미한다.

또 생명선 위에 가늘고 작은 선들이 옆으로 나타나는 상(②)은 기가 부족하고 신경질적인 사람에게 나타난다. 고생이 늘 따라다니는 사람이며, 자연히 병에 걸리기도 쉽다. 대체로 가는 금이 많이 나타나는 것은 어딜 가나 고생스럽다는 것을 뜻한다.

그리고 생명선을 옆으로 끊어나간 아래쪽의 선(③)은 신체가 무엇엔가 중독되어 있음을 말해준다. 이를테면 담배나 술, 또는 코카인, 헤로인, 모르핀, 대마초 등에 중독되어 있는 사람에게서 보게 된다. 이렇게 ③의 선이 나타나는 동시에 두뇌선(C, D)과 감정선(E, F)이 흐트러져 있다면 그 중독 정도가 심각하다는 것을 나타낸다.

사업 장해의 상

생명선과 운명선을 가로질러 장해(障害)를 주는 선이 나타나는 상이 있다. 즉 그림을 보면 금성구의 중간쯤에서 나타난 장해선(①)이 생명선(A, B)을 끊고 가로질러 운명선(E, F)도 끊고 있는데, 이것은 사회생활에서의 근심사, 특히 사업 문제에 역경이 찾아오고 애로가 많을 것임을 시사한다.

여성에 있어서는 장해선이 운명선을 침범한 시기에 나쁜 운수가 기다리고 있음을 뜻한다.

장해선 중에는 생명선과 운명선에 이어서 태양선(G, H)까지 가로질러 끊는 경우가 있다. 이것은 대단히 좋지 않은 상이다. 만일 사업이라고 한다면 그 진로가 희망이

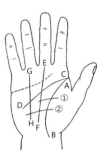

사업 장해의 상

전혀 없을 정도로 막혀 있다는 것을 나타내고, 사회적인 지위라고 한다면 그 자리를 잃게 된다는 것을 나타내는 상이다.

건강한 상과 쇠약한 상

생명선(A, B)의 기점, 즉 검지의 아래쪽과 금성구의 윗부분에 두 갈래나 세 갈래로 나누어진 선(①)은 생명선의 뜻을 강하게 한다. 이러한 상의 사람은 건강하며 장수한다. 손의 측면에서 보면 이 선들이 잘 보인다.

반대로 생명선의 도중에 섬 무늬 기호(②)가 있는 상은 몸이 쇠약해지거나 만성병에 걸리는 것을 나타낸다. 그림의 경우, 섬 무늬가 생명선의 가운데에 위치하고 있으므로 그 시기를 중년 이후로 판단한다.

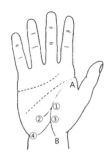

건강한 상과 쇠약한 상

타향에서 사는 상

생명선(A, B)의 아래쪽이 두 갈래로 나뉘어 한쪽이 월구 방향으로 뻗은 선(③, ④)은 고향을 떠나 타향에서 살게 되는 것을 나타낸다. 이 선이 길고 뚜렷할수록 타향에서 사는 기간이 길다는 것을 뜻한다.

이런 상을 가진 사람은 거주지도 변하기 쉽고, 여행을 자주 다니게 되며, 일생 중 몇 차례는 장기간의 여행을 하게 된다.

만일 이렇게 갈라진 ③, ④의 선 뒤쪽의 생명선(③, B)이 희미하거나 흐트러져 있을

타향에서 사는 상

때는 고향에 돌아오지 못하고 타향에서 살거나 여행 중에 죽음을 맞이할 수도 있다는 암시이다. 반대로 뒤쪽의 생명선이 흐트러지지 않고 나쁜 기호도 없이 뚜렷할 때는 건강한 몸으로 고향에 돌아오게 됨을 가리킨다.

위쪽의 갈라져 나간 선(①, ②)은 장기 여행을 뜻한다.

성공이 어려운 상

생명선(A, B)에서 갈라져 목성구 쪽을 향한 희망선(C, D)을 장해선(①, ②)이 끊고 있는 경우를 보게 된다. 이것은 자기가 희망한 목적이나 사업이 어떤 장해로 인해 곤란에 빠지는 것을 나타내고 있다.

장해선이 희망선보다 굵고 똑똑하게 나타나 있다면 그 장해때문에 목적을 달성하기가 어려운 상이다. 반대로 장해선이 희미하거나 가늘고, 반대로 희망선은 굵고 똑똑하게 나타나 있다면 다소 장해는 있어도 노력과 인내를 통해 곤란을 극복하고 희망했던 목적을 달성하는 상이다.

또한 그 장해선이 두세 개 이상 가늘게 많이 나타나 있다면 여러 가지로 겹친 곤란한 사정을 이겨내지 못하고 원래의 목적을 변경하거나 도중에 중지하게 될 수도 있는 상이다.

비록 장해선이 많이 나타나 있더라도 그 선이 흐릿하고 가늘면 결국에는 이겨낼 수 있으니 좌절하지 말고 더욱 마음을 굳게 먹고 전진해야 한다.

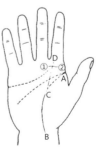

성공이 어려운 상

대사업가의 상

재운선(C, D)이 생명선(A, B)에서 지선(支線)으로 갈라져서 소지의 근원, 즉 수성구로 곧장 뻗어 올라가는 상을 가진 사람은 상공업 등의 사업 방면에서 큰 성공을 거두고 부와 명예를 차지할 수 있다.

수성구는 사업, 공업, 과학, 기지(機智) 등을 나타내는 부분인데, 여기에 재운선이 올라가면 좋은 뜻이 강해질 수밖에 없다.

특히 이러한 상을 가진 사람으로 수성구나 소지가 발달해 있으면 더욱 좋다.

노력 끝에 성공하는 상

생명선(A, B)에서 위로 오른 지선(①, ②)이 감정선(C, D)의 끝을 감싸는 모양으로 목성구를 향하는 상이 있다.

이것은 향상심(向上心)이나 발전하려는 의지가 강하다는 것을 말해준다. 이러한 상을 가진 사람은 여러 가지 갖은 유혹에도 지지 않고 꾸준히 노력한 끝에 마침내 목적을 달성하고 부와 명예를 한꺼번에 얻게 된다.

다만 이러한 지선과 더불어 감정선이 마치 철사처럼 굵고 곧게 옆으로 달리는 것은 자신의 목적만을 위해서 사는 무정한 사람에게서 볼 수 있는 상이다.

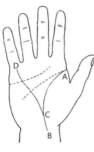

대사업가의 상

노력 끝에 성공하는 상

활동력이 강한 상

생명선(A, B)의 안쪽에서 생명선을 따라 금성구를 둘러싼 선이 있다. 이것을 화성선(火星線) 또는 부생명선(副生命線)이라 하는데, 생명선을 강화하는 작용을 하는 대단히 좋은 선이다. 부생명선(①, ②)이 뚜렷하고 길게 나와 있는 사람은 원기가 충만하고, 두려움을 모르는 용기와 왕성한 활동력을 자랑한다.

만사에 대해 적극적인 성격이며, 건강하게 장수할 수 있는 사람이다.

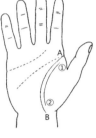

생명선이 다소 흐트러져 있거나 끊어져 있는 경우에도 부생명선이 명확하게 나타나 있다면 부족한 부분을 채움으로써 무사히 일생을 보낼 수 있다.

활동력이 강한 상

4. 두뇌선

두뇌선은 무엇인가?

3대 주요선 중 하나인 두뇌선(頭腦線)은 검지의 아래, 즉 목성구의 밑과 엄지와 검지 사이에서 시작하여 손바닥 중앙을 가로지르는 굵은 선이다. 이 두뇌선은 그 사람의 성격과 적성, 사고능력 등을 나타내는 중요한 선이다. 즉 지혜와 지능, 기억력, 판단력, 직감력을 나타내며, 그 밖에 생활력(生活力)에도 많은 영향을 주는 선으로 일명 지능선(知能線)이라고도 한다.

만약 이 선이 나쁜 상이면 다른 선이 아무리 좋은 상을 하고 있어도 그 사람의 인생은 초라해지고 만다. 또는 반대로 다른 선이 웬만큼 나쁜 상이더라도 두뇌선이 좋다면 지혜와 판단력의 도움으로 나쁜 상이 나타내는 결점이나 부족한 면을 얼마든지

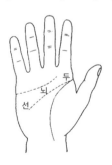

보완할 수 있다. 예를 들어 생명선이 짧더라도 두뇌선이 굵고 깊고 확실하며, 감정선도 특별히 나쁜 상이 아니라면 상당한 장수를 누리게 된다. 또한 운명선과 태양선의 상이 나쁘더라도 두뇌선이 좋은 사람은 대성공을 이룰 수 있다.

재산을 모을 상

두뇌선이 손바닥을 곧바로 가로질러 그 끝이 소지의 아래 방향, 즉 수성구 쪽으로 구부러져 있는 상(A, B)이 있다. 이것은 수성구가 나타내는 상공업, 과학, 이재(理財), 기지(機智) 등의 뜻을 강하게 하는 상으로, 경제관념이 대단히 발달해 있음을 말해 준다.

이런 상의 사람은 뛰어난 사교성과 기지, 민첩한 활동력으로 축재(蓄財)에 능하며, 상업이나 공업 등의 분야에서 크게 성공할 수 있다.

다만 지나치게 이재를 밝히는 성향이 있어서 다른 사람으로부터 미움을 사며, 더욱이 나이가 들수록 그 성향이 강해져 물욕만 남은 사람이 되기 쉬운 위험성이 있다. 남보다 좋은 머리를 갖고 태어난 행운을 바람직한 쪽으로 살리지 못하면 세인들로부터 소외되어 고독하고 쓸쓸한 여생을 보내게 되므로 주의해야 한다.

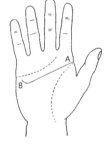

재산을 모을 상

증권으로 성공할 상

길게 커브를 그리는 두뇌선이 손바닥을 비스듬히 가로지르며 월구를 향한 상(A, B)이 있다. 이 상을 가진 사람으로서 약지가 긴 사람은 시세(時勢)나 주가(株價) 변동이 심한 사업, 출판업 등에서 성공할 가능

증권으로 성공할 상

성이 크다. 참고로 검지와 약지를 비교했을 때 약지가 약간 더 긴 것이 일반적인데, 그 차이가 5mm 이상이라면 '약지가 길다.'고 판단한다.

약지가 긴 사람은 원래 도박적인 성격을 가지고 있다. 연애도 결혼도 사업도 다 도박이며, 인생 자체가 도박이라고 생각한다. 이렇게 약지가 길면서 월구를 향하는 두뇌선을 가진 사람은 자신의 도박적인 인생관을 사업 쪽에도 적용하려고 든다. 따라서 이런 상의 사람이 만약에 좋은 운명선을 가지고 있지 않다면 파란 많은 인생을 보내게 된다.

이러한 두뇌선에 긴 약지, 그리고 C, D와 같은 좋은 운명선을 가지고 있는 사람은 승부를 거는 도박적인 사업 재능으로 자신의 운명을 과감하게 개척해 나갈 타입이다. 이와 더불어 장해선이 없이 뚜렷한 태양선(E, F)을 가진 사람은 투기사업으로 큰 재물을 얻는 상이다. 재운선(G, H)까지 똑똑하게 나타나 있으면 그 뜻이 더욱 강해진다.

대성공의 상

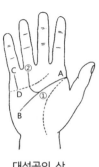

대성공의 상

두뇌선(A, B)에서 갈라진 선(①, ②)이 태양구를 향해 위로 뻗은 상은 태양선과 같은 뜻을 나타낸다. 이 상은 좋은 지혜와 활동력에 의해서 명예나 큰 재물을 얻을 상이다. 여기에 만일 재운선(C, D)까지 나타나 있으면 대성공의 운이 한층 확실하다는 것을 암시한다.

취미에 사는 상

두뇌선이 손바닥을 곧바로 가로지른 상(A, B)을 가진 사람으로서 그 두뇌선의 가운데쯤에서 아래로 갈라지는 가는 선(①, ②)이 보이는 경우가 있다. 이것은 결단력과 자신감, 활동력을 가진 사람에게 정신적인 여유가 생기는 것을 나타낸다.

세상에는 사업적 재능이 뛰어난 동시에 취미의 깊이나 넓이에서도 전문가를 자처하는 사람이 있는데, 이 상은 그러한 사람을 가리키는 것이다. 즉 실무적인 재능과 상상력에 의한 취미나 예술 방면의 재능을 아울러 갖추고 있는 사람이다. 경제적인 여유와 함께 취미를 즐길 수 있는 여유까지 가질 수 있는 부러운 상이다.

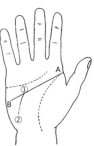

취미에 사는 상

성실한 사람의 상

두뇌선(A, B)의 가운데에서 갈라져 토성구 쪽으로 향하는 지선(①, ②)의 상은 대단히 성실하고 침착한 성격을 나타낸다.

바른 분별력으로 가능한 범위에서 착실히 살아가는 견실한 사람이다. 단지 이 상의 사람은 만사를 지나칠 정도로 심각하게 생각하다가 모처럼의 기회를 놓치게 될 우려가 있다.

이것은 토성구 쪽으로 뻗은 지선에 토성구가 갖고 있는 인내력과 판단력 같은 뜻이 더해져 작용하는 까닭이라고 하겠다.

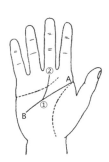

성실한 사람의 상

지배욕이 강한 상

두뇌선(A, B)의 한 끝이 목성구(①)에 있기 때문에 당연히 목성구가 지닌 뜻을 강조하게 된다. 대단히 강한 지배욕을 갖고 있으며, 명예를 차지하기 위해서는 물불도 가리지 않는 향상심(向上心)에 사로잡힌 사람에게서 볼 수 있다.

만일 이 두뇌선이 흐트러짐 없이 선명하고 시작 부분(①, A)에 장해선이 없으면 대성공을 할 상이며, 정치계나 사업계가 어울린다. 이와 함께 운명선도 뚜렷하다면 더 말할 나위가 없다.

예술적 재능이 뛰어난 상

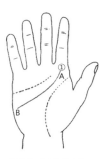

지배욕이 강한 상

생명선과 같은 기점(A)에서 시작한 두뇌선(A, B)이 말단에서 두 갈래로 되어(①, ②) 그 한쪽이 월구의 방향에 있는 상이다. 이것은 공상이나 상상력, 창작, 회화 등의 예술적인 재능을 가리킨다.

이기주의적인 성향은 많지만, 새로운 미(美)를 창조할 줄 아는 감각과 능력을 통해 우리들의 심미안(審美眼)을 즐겁게 하는 사람이다.

작가, 서예가, 화가, 예능인, 저널리스트 등의 분야에서 성공할 가능성이 높다. 이러한 상의 사람이 금상첨화로 태양선(C, D)을 가지고 있으면 그 천분(天分)은 더없이 크게 발휘될 것이다.

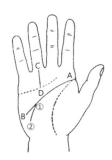

예술적 재능이 뛰어난 상

자살의 가능성이 있는 상

곡선을 그리며 내려간 두뇌선(A, B)의 끝이 월구의 아래쪽에 극단적으로 치우쳐 있는 모양새이다.

월구의 뜻인 상상, 신비, 공상 등이 도를 지나친 경향을 나타내면서 상식을 벗어난 행동을 취하기 쉽고, 그러한 결과가 막바지에 이르면 발광이나 자살 등을 초래할 수도 있는 것이다.

경박스러운 사람의 상

두뇌선은 기점(起點)이 생명선과 같이 시작되는 경우와 생명선과 떨어져서 시작되는 경우의 두 가지로 나눌 수 있다. 극단으로 생명선과 떨어져서 시작된 두뇌선은 경박(輕薄)스러운 언동을 일삼는 상이다. 생명선에서 떨어진 두뇌선의 경우 그 적당한 간격은 생명선과 검지의 맨 밑 부분을 삼등분했을 때 3분의 1 정도이고, 그보다 가까운 것은 간격이 좁고 그 이상으로 떨어진 것은 간격이 넓은 상이라고 한다.

자살의 가능성이 있는 상

그림과 같이 생명선에서 극단적으로 떨어져서 시작하는 두뇌선(A, B)을 가진 사람은 모든 일에 독선적이고 이기적이며 주의력도 산만한 경향이 많다. 독불장군처럼 무계획하고 어수선하게 일을 몰아붙이거나 행동하는 모습은 대단히 경박스럽게 보이며, 그 결과 또한 신통치 않다.

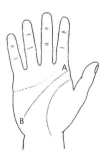

경박스러운 사람의 상

이러한 상의 사람은 가정에서는 대단한 폭군이며 사회에서는 경거망동하는 타입이다. 젊은이의 경우 대단히 충동적인 행동을 하거나 불량 청소년이 될 가능성이 다분하다. 따라서 모든 일에 심시숙고하면서 현명하게 대처하지 않으면 크게 후회할 수 있으므로 주의해야 한다.

신경과민의 상

두뇌선이 생명선(C, D)의 안쪽 즉 제1화성구나 금성구의 윗부분에서 시작하는 상이 있다. 이것은 극단적인 신경과민 성향을 나타낸다. 이러한 상의 사람은 만사를 지나치게 깊이 생각하고 조심성과 겁이 많다. 이 선이 손바닥을 가로지르는 모양(A, B1)이라면 그저 조심성 많은 성격이라고 할 수 있으나, 곡선을 그리면서 아래로 떨어지는 모양(A, B2)이라면 신경과민 성향이 한층 심하다고 볼 수 있다.

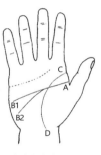

신경과민의 상

5. 감정선

감정선은 무엇인가?

감정선(感情線)이란 3대 주요선 중 가장 위에 있는 긴 선이다. 소지의 근원, 즉 수성구의 옆에서 시작하여 손바닥을 가로지르고 있다. 성격, 애정, 감성, 가정운, 결혼운 등을 나타내는 중요한 선으로 일명 애정선(愛情線)이라고도 부른다.

애정은 우리들이 사회에서 살아가는 데 있어 가장 중요한 횡적(橫的) 유대(紐帶)이다. 무릇 이성 관계만이 애정은 아니다. 윗사람과의 관계, 우정, 동정, 연애, 모성애, 부부애 등 인간의 정(情)에서 시작되는 일체를 나타내는 것이 이 감정선이다.

수상학에 있어서는 손바닥의 선이 깊고 명확하게 한 줄로 그려지고 아무 흐트러짐이 없는 것을 좋은 상으로 본다. 선이 얕거나 희미하거나 흐트러진 선은 좋지 않다고 한다. 이것은 감정선에 있어서도 동일하게 적용된다. 감정선이 강하고 굵게 잘 뻗어 있으면 자기개성이 분명하고 활달한 편이며, 성격적으로 밝고 안정된 성향을 가지고 있음을 의미한다.

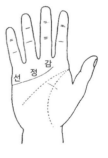

진실성이 있는 상

감정선(A, B)이 토성구와 목성구 사이에서 갈라진 다음 하나의
선(①)은 중지와 검지 사이로 향하고, 다른 하나의 선(②)은 검지
의 아래 즉 토성구로 향하는 상이다.

이것은 진실성이 있는 대단히 좋은 성격을 나타낸다. 누구에게
나 호감을 받는 명랑한 기질과 풍부하고 밝은 애정을 가진 사람
이다. 이러한 상의 사람은 윗사람의 아낌도 받고 가정운도 무척
좋다고 볼 수 있다.

활기가 넘치는 상

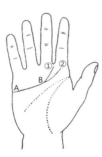

진실성이 있는 상

감정선(A, B)의 위나 아래에 또 하나의
감정선이 나타나는 수가 있다. 이것을 이
중 감정선이라고 부른다. 위에 나타나는
이중 감정선(①, ②)은 금성대(金星帶, 매혹
선)와 혼동하여 보기 쉬우므로 위치에 주의
해야 한다. 그리고 아래에 나타나는 이중
감정선(③, ④)은 보통 그 끝이 두뇌선(C, D)
에 합쳐져 있다.

이상 두 가지의 이중 감정선은 왕성한 활
기를 나타낸다. 이러한 상을 가진 사람은
어떠한 곤란에 맞닥뜨리더라도 그것을 극
복해내는 강한 의지와 뜨거운 열정의 소유
자이다. 만일 이런 상의 사람으로 연예계나
방송계, 패션업계 등의 사업을 펼친다면 큰

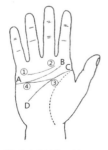

활기가 넘치는 상

명성과 성공을 거둘 수 있다. 여성은 가사노동보다 사회에 진출해서 일하는 타입이 많다.

강한 감정의 상

감정선(A, B)에서 갈라진 지선(①, ②)이 길게 뻗은 두뇌선(C, D)과 생명선(E, F)을 가로질러 금성구에 들어가는 상이 있다. 이것은 대단히 강한 감정을 가진 사람에게 많다. 이를테면 세상의 눈이나 상식은 아랑곳하지 않고 열애에 목숨을 거는 성격이며, 그로 인해 만사를 그르치는 사람이다. 신중히 결정해야 할 중대사도 감정에 치우쳐 단번에 해치워 버린다.

이러한 상을 가진 사람은 섣부른 행동으로 돌이킬 수 없는 결과를 초래하여 뒤늦은 후회를 할 수 있으니 평소에 침착과 냉정을 유지하도록 힘써야 한다.

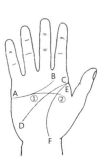

강한 감정의 상

일편단심의 상

감정선(A, B)이 검지와 중지 사이로 뻗은 사람은 상대에 대한 배려가 깊고 애정관계도 일편단심형이어서 한 번 믿으면 배신할 줄 모른다. 하지만 자기가 주는 만큼 받으려고 하는 욕구가 있어서 그것이 만족스럽지 않으면 관계가 악화될 수도 있는 타입이다. 사랑은 절대 일방통행으로 이루어지는 것이 아님을 명심해야 한다.

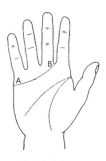

일편단심의 상

감정 변화가 심한 상

감정선(A, B)이 중지 쪽으로 급하게 구부러진 사람은 자신에게 떠오른 생각을 한번 되돌이켜 보지 않고 곧이곧대로 표현하는 성격이며 사소한 일에도 걸핏하면 흥분한다. 냄비처럼 금방 뜨거워지고 금방 식는 유형이어서 애정 관계에서의 만남과 헤어짐도 단칼에 결정해 버린다.

그러나 두뇌선(C, D)이 뚜렷하고 장해선이나 흐트러진 데가 없이 좋으면 심한 감정 변화를 조절할 수 있게 된다.

또한 중지로 구부러지는 감정선의 곡선이 급하게 구부러지지 않고 완만하게 구부러지다가 멈추었다면 성격이나 애정관계 모두 균형감각을 갖추고 있다고 판단한다.

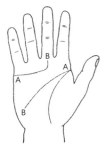

감정 변화가 심한 상

바른 생활을 추구하는 상

감정선(A, B)의 끝이 검지 아래로 굽어진 사람은 맑은 호수와 같이 청정한 마음씨의 소유자이다. 자상한 선한 성격을 갖고 있으며, 애정관계에 있어서는 정신적인 유대감을 중요시한다.

반면에 불의를 보면 참지 못하는 정의감도 있어서 인내의 한계에 도달하면 때로는 공격적인 성향을 띠기도 한다.

위험한 상황이나 다른 사람들의 시빗거리에 무턱대고 뛰어들었다가는 후회할 수도 있으니 주의해야 한다.

바른 생활을 추구하는 상

풍부한 감성의 상

사슬 모양은 대부분 나쁜 의미를 나타내지만 감정선(A, B)의 사슬 모양은 예외이다. 이런 감정선을 가진 사람은 풍부한 감성을 갖고 있으며 다정다감하다.

이성을 끌어당기는 매력이 있어서 자칫 마음의 중심을 잡지 못하면 바람기로 발전할 수도 있다.

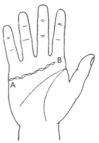

풍부한 감성의 상

이혼의 상

감정선(A, B)이 눈에 띄게 중간중간 끊긴 상은 결혼생활이나 연애에 이혼이나 이별이 다가옴을 예고한다.

약지나 소지 아래에서 끊어져 있다면 성격 차이나 경제적인 이유 때문에 초혼이 이혼으로 끝나는 경우이고, 중지 아래에서 끊어져 있다면 경제적인 이유, 질병, 사고 등으로 결혼 중반 이후에 이혼하게 됨을 뜻한다. 평소에 몸과 마음을 잘 돌보아야 한다.

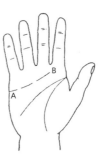

이혼의 상

긴 감정선과 짧은 감정선

긴 감정선(A, C)의 상은 정열적인 사람임을 나타낸다. 솔직하고 다정다감해서 주위에 사람들을 많이 끌어당기지만, 감정 조

긴 감정선과 짧은 감정선

절하는 능력이 부족해서 실수가 잦다는 단점도 있다.

한마디로 감정의 폭이 넓은 사람이다.

짧은 감정선(A, B)의 상은 냉정하고 침착한 사람임을 나타낸다. 희로애락(喜怒哀樂)에 따르는 감정을 잘 다스리고 사람들의 신뢰도 많이 받는 편이다.

인간관계에서는 계산적인 타입이어서 이성을 만나도 사랑보다는 그 사람의 조건이나 배경, 주위 환경을 먼저 따진다.

6. 운명선

운명선은 무엇인가?

운명선(運命線)은 손바닥 한가운데에서 토성구를 향하여 올라가는 세로의 선으로 운세에 대한 흥망성쇠를 나타내는 중요한 선이다. 즉 우리들이 사회적 활동을 함에 있어서 어떤 생활을 통해 삶을 영위해 나가는지, 그에 따르는 운의 변화와 강약은 어떠한지를 보여준다.

이 운명선(A, B)은 굵고 힘차게 손목 위에서 토성구에 뻗어 있고, 거기에 3대 주요선인 생명선(C, D)·두뇌선(E, F)·감정선(G, H)이 좋다면 최상이라고 할 수 있다. 이런 상의 사람은 지성(知性)과 감정(感情)과 의지(意志), 한마디로 지정의(知情意)를 고루 잘 갖추고 있으며 운명 역시 계속해서 큰 상승세를 타게 될 것이다.

간혹 '운명선이 좋은데 이상하게 운세가 나쁘다.'는 이야기를 한다. 그러나 이것은 두뇌선과 생명선을 떼어놓고 운명선만을 보기 때문에 생기는 오판이다. 아무리 운명선이 좋아도 생명선이 가늘고 흐릿

운명선

하다면 발전 가능성이 있는 운명도 약한 체력에 막혀 충분히 살리지 못한다는 것을 뜻하며, 또 두뇌선이 발달하지 않았다면 좋은 운명을 살릴 만한 지적 능력이 부족하다는 것을 의미한다. 말하자면, 운명이란 그 사람의 체력과 지혜에 의해 크게 좌우된다는 것을 염두에 두고 판단해야 한다는 말이다.

운명선이 없는 사람도 많다. 하지만 3대 주요선인 생명선, 두뇌선, 감정선이 힘차고 뚜렷한 상을 하고 있으면 좋은 운명을 가진 사람이라고 말할 수 있는 것이다.

크게 성공하는 상

손목 위에서 시작한 운명선이 손바닥을 똑바로 수직으로 올라가 중지 아래 토성구로 향하는 상은 대성공의 운을 나타낸다. 노력과 근면에 의한 자력으로 크게 성공하는 것을 암시하는 것이며, 물질적으로도 부족함이 없게 됨을 뜻한다. 만약 두뇌선(C, D)이 굵고 명확하게 손바닥을 가로지르고 있다면 이 경향은 더 강해진다.

대단히 꼼꼼하면서 성실하게 한 걸음 한 걸음 자기의 기반을 쌓아가는 사람에게서 자주 보게 되는 상인데, 여기에 태양선(E, F)까지 나타나 있으면 성공할 가능성이 한층 더 높아진다고 할 수 있다.

이러한 상을 가지고 있다면 사업가, 정치가, 공무원 등의 직업이 적합하며, 대체로 장수하는 사람이 많다.

크게 성공하는 상

천하를 호령할 상

운명선은 보통 토성구에서 멈추는데, 그곳을 지나서 중지의 관절 부위(B)까지 곧장 뻗은 상(A, B)이 있다. 이것을 동양에서는 흔히 천하를 휘어잡을 상이라고 부르며, 과거에는 난세의 영웅 중에 이런 손이 있었다고 한다.

그러나 이것은 3대 주요선을 비롯한 다른 선들과 손의 형태 등이 함께 조건을 갖추었을 경우의 판단이며, 일반적으로는 매사에 도가 지나쳐서 일을 그르치는 상이라고 보면 틀림이 없다.

이런 상의 사람은 자신이 마음먹은 일이라면 다른 사람들의 사정은 아랑곳없이 강행하기 때문에 분쟁과 파멸을 초래하고 결국은 실패하기 마련이다. 단체생활이 필수인 현대사회에서는 융합되기 어려운 상이다. 스스로 자중하고 여론(輿論)에 귀 기울이는 지혜가 필요하다.

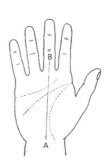

천하를 호령할 상

감정 때문에 실패할 상

손목 위에서 손바닥 위로 뻗어 올라간 운명선의 끝부분이 가늘어지다가 감정선에서 끊어지는 상(A, B)으로, 감정적인 문제로 인해 운이 정체되어 있음을 나타낸다. 대부분은 이성과의 애정 관계에서 비롯된 감정적인 행동들이 그 사람의 운기를 나쁘게 하고 있음을 뜻하며, 또는 윗사람과의 감정 대립이 원인이 되기도 한다.

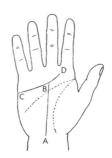

감정 때문에 실패할 상

애정 문제가 생기는 상

운명선(A, B)이 감정선(C, D)과 교차되는 부위에 십자형의 기호(①)가 나타나는 경우가 있다. 이것은 감정 문제나 애정 문제가 생겨서 운명에 얼마간의 변화가 일어나게 될 것임을 예고한다.

애정 문제가 생기는 상

애정 때문에 실패하는 상

운명선에 나타나는 섬 무늬 기호는 모두 손실이나 실패를 가리킨다.

만일 운명선(A, B)과 감정선(C, D)이 교차하는 곳에 섬 무늬(①)가 나타나 있으면 이성 관계에서의 문제로 손실과 실패를 당할 것임을 암시한다. 남성의 경우 좋은 운명도 한 명의 여성으로 인해 망칠 수 있다.

또한 금성구에 섬 무늬(②)가 나와 있고 그 섬 무늬와 이어진 선이 뻗어서 운명선과 만나고 있는 상은 정에 약하고 욕정에 끌리기 쉬운 성향임을 말해준다. 이 상의 사람은 충동과 유혹에 항상 주의해야 한다.

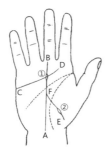

애정 때문에 실패하는 상

여러 사람의 도움으로 성공하는 상

월구에서 시작된 운명선(A, B)을 가진 사람은 여러 사람의 도움에 힘입어 성공할 수 있다. 태어날 때부터 인기가 많고 인덕

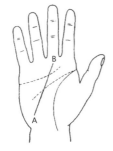

사람들의 도움으로 성공하는 상

(人德)이 좋아서 지인(知人)이나 학교 선배, 결혼 후에는 처갓집 등 주위의 전폭적인 지지를 받게 된다.

자신이 타고난 좋은 운을 놓치지 않도록 덕을 베풀며 성실하게 살아가야 한다.

유산을 상속받는 상

금성구에서 힘차게 시작된 운명선(A, B)은 상속받을 재산이 있다는 것을 암시한다. 젊은 시절에는 경제적으로 어려움을 겪을지 모르나 세월이 흐르면 유산을 물려받아 운이 열리게 될 가능성이 높다. 따라서 돈을 벌어들이기보다는 돈의 관리가 더 중요할 수도 있다.

유산을 상속받는 상

7. 태양선

태양선은 무엇인가?

태양선(太陽線)은 태양구를 향하여 올라가는 선을 말한다. 이 선은 생명선, 월구, 운명선, 화성평원, 두뇌선, 감정선 등 어디에서 시작하더라도 그 끝이 태양구를 향하면 태양선으로 판단하며, 성공, 명성, 재운, 번영 등 그 사람 생애의 행운을 나타낸다.

태양선은 운명선과 나누려 해도 나눌 수 없는 불가분(不可分)의 관계를 맺고 있다. 운명선만 나타나 있는 손이 반드시 행운과 순조로운 운명을 표시한다고 단정할 수 없는 것처럼 태양선만 나타나 있는 손을 보고 빛나는 행운이 약속된다고 단정하는 것은 금물이다. 이 선은 운명선과 병행하여 나타나는 것이 가장 이상적이며, 그럴 경우 좋은 운명선이 보여주는 성공이나 행운의

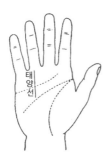

길상(吉相)을 태양선이 보증한다고 판단하게 된다. 또는 운명선이 그다지 좋지 않다면 그 결함을 보충해주는 중요한 역할을 하는 것이 태양선이다.

운명선이 줄기라면 태양선은 꽃이라고 말할 수 있는 것이다.

시작은 좋은데 끝이 나쁜 상

손목 위에서 나타난 태양선(A, B)이 두뇌선(C, D)의 부위에서 끊어져 있는 상이 있다. 이러한 상은 초기에는 인기와 신용에 힘입어 성공을 하지만 나중에는 판단 착오나 예상하지 못했던 사고로 인해 실패를 맛보게 됨을 예고한다. 만약 끊어진 태양선이 그 위에서 다시 나타나 있다면 실패를 극복하고 다시 일어선다는 것을 말한다.

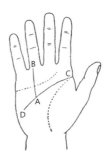

시작은 좋은데 끝이 나쁜 상

뛰어난 지혜로 성공할 상

두뇌선(C, D)에서 시작한 태양선(A, B)이 힘차고 뚜렷하게 약지로 향하는 상은 대부분 중년 무렵부터 이름이 알려지고 성공하는 것을 나타낸다.

또한 그 명성이나 성공은 학자, 과학자, 작가 등의 경우에서 볼 수 있는 뛰어난 두뇌 활동의 결과로 얻어지는 것을 뜻하는데, 만약 산업 현장이나 농사, 운동 등 두뇌보다는 육체를 쓰는 작업을 갖고 있어도 그 자리에서 최고의 반열에 오르게 된다.

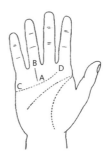

뛰어난 지혜로 성공할 상

견실한 생활을 보낼 상

태양선(A, B)이 감정선(C, D)의 위에서 시작하여 약지를 향하는 상은 변함없이 한결

견실한 생활을 보낼 상

같은 인성과 신용에 의하여 무탈한 인생을 보내는 것을 뜻한다. 직장인의 경우 화려하지는 않지만 운이 계속 뒷받침해주는 길을 걸을 수 있다.

한편 이러한 상을 가진 사람 중에는 예민한 감수성과 풍부한 정서에 의해 예능 방면에서 큰 인기를 얻는 경우도 간혹 있다.

재주는 있는데 가난한 상

태양선이 한 개가 아니고 두세 개나 그 이상 나와 있는 경우(A, B 방향의 여러 선)가 있다. 이러한 상의 사람은 무슨 일이든지 한두 번은 제법 성공을 거두지만 대성하기는 어렵다. 둘 혹은 서너 가지의 일을 동시에 다각적으로 운영하는 재능은 있지만 그에 비해 결과는 기대에 못 미치는 상이다.

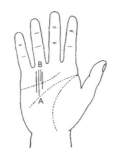

재주는 있는데 가난한 상

인기나 유행에 의한 성공의 상

월구를 기점으로 하는 태양선(A,B)은 단지 변화가 많은 불안정한 생애나 파란이 그치지 않는 생애를 암시하는 데 지나지 않는 경우가 많다.

이와 같은 태양선이 예외적으로 강하고 명료하게 새겨져 있으면 성공이나 명성을 의미하는데, 이 경우의 운은 대중의 인기나 유행 등에 의해 일시적으로 생기는 것일 확률이 높다. 그러므로 안정되고 확실한 표

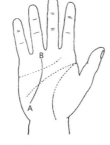

인기나 유행에 의한 성공의 상

시라고는 볼 수 없다. 그러나 배우, 예술가, 종교인, 가수, 무용가 등의 손에 이와 같은 태양선이 강하게 나타나 있으면 성공을 약속하는 길상이 된다.

성공하기 어려운 상

태양구 위치에서 시작하고 끝나는 여러 개의 약한 태양선(A, B 쪽에 있는 여러 선)이 나타나는 상이 있다. 이러한 경우는 태양선이라고 보기에 너무 빈약한 느낌이며, 썩 좋은 뜻을 가지고 있는 것도 아니다.

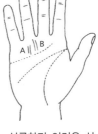

이 상은 예술적 소질은 있지만 이것저것 추구하던 목적을 도중에 바꾼다거나, 여러 가지 일에 마음의 갈피를 못 잡는 사람으로 사고력이 산만하여 현실에서 성공하는 일은 거의 없다.

성공하기 어려운 상

8. 결혼선

결혼선은 무엇인가?

결혼선(結婚線)은 수성구의 측면, 즉 수성구의 바깥쪽에서 안쪽으로 향하는 한 개 내지 여러 개의 짧은 횡선(橫線)이다. 결혼선에는 측면에만 새겨져 있는 극히 짧은 선도 있고 손바닥 안쪽으로 길게 뻗어 있는 선도 있다. 그러나 가장 이상적인 결혼선은 소지와 약지의 중간에서 밑으로 가상의 수직선(①, ②)을 그었을 때 그 안쪽에 조금 못 미치는 길이로 똑바르게 나타나 있는 것이다. 지나치게 짧거나 긴 결혼선은 결코 행복한 애정관계를 의미하지 않는다.

수상(手相)에서 결혼선의 의미는 정식적인 법률상의 혼인관계에만 국한되지 않는다는 점에 주의해야 한다. 즉 결혼뿐만 아니라 내연, 동거 등 남녀의 결합 관계 전체를 포함하여 판단하는 것이다.

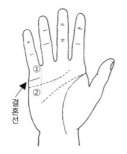

행복한 결혼을 약속하는 결혼선은 명료하게 나타나 있어야 한다. 결혼선이 전혀 나타나 있지 않은 경우는 애정 문제에는 전혀 무관심한 사람임을 가리킨다.

행복한 연애의 상

월구(E)에서 시작하는 선이 운명선(C, D)과 합해져 있고, 여기에 결혼선(A, B)이 뚜렷하고 똑바르게 나타나 있다면 행복한 결혼생활을 기대할 만하다.

연애 과정도 순조롭고 행복하며, 결혼 후에도 금슬(琴瑟) 좋은 부부관계를 유지할 수 있는 상이다.

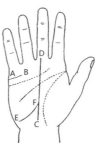

행복한 연애의 상

결혼이 늦을 상

결혼선(A, B)이 짧은 데다 소지 쪽을 향해 구부러져 있는 것은 결혼에 대한 적신호이다. 결혼 자체를 아예 안 하거나 또는 결혼을 하더라도 대단히 늦게 하게 된다는 것을 나타낸다.

결혼이 늦을 상

결혼에 장애가 있는 상

섬 무늬 기호가 있는 결혼선(①)은 어떤 장애가 있어서 결혼이 잘 이루어지지 않는 것을 뜻한다. 기혼자일 경우라면 부부관계에 문제가 있다는 것을 나타낸다.

그리고 결혼선의 기점(起點)이 두 가닥이었다가 하나로 합쳐진 상(②)은 처음에는 여러 문제로 결혼이 어렵지만 나중에는 문제가 해결되고 결혼도 하게 됨을 뜻한다.

결혼에 장애가 있는 상

바람기가 다분한 상

결혼선이 하나가 아니라 여러 개 나타나는 상(A)이 있다. 이것은 좋게 보면 대단히 다감한 성격이라 할 수 있지만, 달리 본다면 이성과의 관계가 복잡하고 변심도 떡 먹듯이 하는 좋지 않은 성향을 나타낸다.

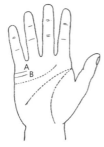

바람기가 다분한 상

결혼선이 여러 개인 동시에 금성구에 가는 선들(B)이 나타나 있거나 또는 감정선이 흐트러져 있으면 나쁜 뜻은 한층 강화되어 반사회적(反社會的)인 성(性) 중독자(中毒者)가 될 가능성도 농후하다. 행복한 결혼 생활을 바라기 어려운 상이다.

두 번 결혼할 상

길이도 비슷하고 선명도도 비슷한 두 개의 결혼선(A, B)이 나타나는 상이 있다. 이것은 두 사람과 연애를 하고 그중 한 사람과 결혼을 하는 것이거나 또는 재혼을 하는 것으로 볼 수도 있으므로 운명선을 함께 살펴서 종합적으로 판단해야 한다.

두 번 결혼할 상

애정이 식어가는 상

결혼선(A, B)의 끝부분이 완만한 곡선을 그리며 아래로 내려오는 경우가 있다. 이것은 첫출발은 괜찮았으나 서로 간에 관심

애정이 식어가는 상

과 노력 부족 등의 문제로 인해 애정이나 재능이 식어가고 있음을 의미한다.

계속 방치하면 별거하게 되거나 이혼에 이를 수도 있으므로 사랑을 더욱 돈독하게 가꾸어나가는 지혜가 필요하다.

이별이나 이혼에 주의할 상

살다 보면 결혼선에도 변화가 생기게 된다. 뚜렷하고 진했던 결혼선이 흐려지거나 또는 길이가 짧아졌다면 애정 관계에 구름이 끼었다는 뜻이다.

특히 한 개로 시작한 결혼선이 뒤에 가서 분명하게 두 갈래로 나누어진 경우(①)나 결혼선의 끝부분이 감정선을 뚫고 밑으로 내려간 경우(②)는 이만저만한 먹구름이 아니다. 이별이나 이혼의 아픔을 당할 확률이 많기 때문에 자중해야 한다.

이별이나 이혼에 주의할 상

9. 건강선

건강선은 무엇인가?

건강선(健康線)은 수성구에서 출발하여 생명선의 아래쪽을 향해 달리는 선을 말한다. 건강선은 생명선과 함께 현재의 건강 상태나 질병을 나타낸다. 따라서 이 선은 다른 선보다 비교적 잘 변하는 경향이 있다.

건강선(A, B)이 뚜렷하게 나타나 있으면 신경 계통의 쇠약 또는 어떤 병이 진행 중임을 암시한다. 그리고 이 선의 끝이 생명선에 깊이 침투했다면 그 교차점에 해당하는 시기에 그 질병이 가장 심해진다는 뜻이다. 또한 이 선을 관찰하는 경우는 3대 주요선의 상태나 손톱, 손바닥의 색깔 등을 종합적으로 보아야 한다.

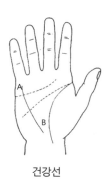

건강선

건강선이 전혀 나타나 있지 않으면 체질과 신경조직이 무척 건강한 상태라는 것을 말해준다. 건강선은 건강하지 않을수록 더 진하게 나타나고, 더 길어지고, 더 많아지고, 더 갈라진다. 건강선이란 명칭과는 완전히 상반되므로, 이 선은 건강에 대한 경고등이라고 생각해야 한다.

겉으로 보기에는 건강한 상

건강선(A, B)이 생명선에서 떨어져 똑바로 내려온 경우가 있다. 이러한 상의 사람은 본질적으로 타고난 체질은 그다지 튼튼하지 않을지도 모르지만 일단 겉모습은 건강해 보인다. 평소에 건강관리에 신경을 기울여야 한다.

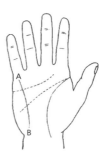

겉모습은 건강한 상

특정 시기에 질병을 앓는 상

건강선(A, B)이 생명선을 끊으면서 교차하고 있는 것은 그 교차점의 시기에 건강이 위험해진다는 표시이다.

그 위기는 질병에 의한 것으로 양 선의 굵기와 강도가 동일하다면 생명까지 잃을 우려도 간과할 수 없다. 두 개의 선이 교차하는 지점은 대부분 생명선의 아랫부분이기 때문에 질병이 찾아오는 시기는 유년기일 경우가 많다.

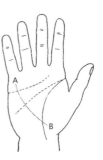

특정 시기에 질병을 앓는 상

소화불량의 상

건강선(A, B)이 토막토막 끊어져 있는 경우는 대단히 많이 볼 수 있다. 선천적으로 체질이 약한 타입으로 위장이 약하거나 위장병에 걸려 있는 사람이다. 따라서 이 선은 소화불량의 표시라고 판단하게 된다.

소화불량의 상

간장병이나 신장병의 상

건강선(A, B)이 구불구불하게 되어 있는 모양도 드물지 않게 보게 된다. 이러한 선은 간장병 또는 신장병에 걸릴 위험성을 암시하는 것이다.

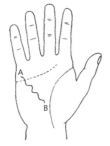

간장병, 신장병의 상

만약에 건강선이 이렇게 구불구불하면서 황색 빛깔을 띤다면 간장병에 걸려 있는 것이다.

안과 질환에 주의해야 하는 상

약지의 아래에서 건강선(A, B)에 별 무늬가 나타나는 것은 악성(惡性) 눈병에 걸릴 수 있다는 표시이다. 눈에 이상이 나타났을 때 그냥 무심하게 지나쳤다가는 자칫 실명할 우려도 있으니 세심하게 주의를 기울여야 한다.

별 무늬

눈병에 주의해야 하는 상

여성의 경우 이런 선이 나타나 있는 것은 불임을 의미한다.

빨리 노쇠하는 상

건강선(A, B)의 기점이 작게 두 가닥으로 나뉘어 있는 경우가 있다. 이 상은 체질이 약화되어 빨리 노쇠한다는 암시이다.

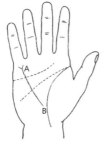

빨리 노쇠하는 상

이 상은 또한 지나친 과음 등에 의한 성적 장애의 표시이다.

내장 수술을 하는 상

건강선(A, B) 위에 사각 무늬가 나타나는 것은 내장 수술을 하게 될 수도 있다는 것을 의미한다.

그러나 이러한 경우는 필히 생명선과 아울러 종합적으로 관찰해야 한다는 점을 잊어서는 안 된다.

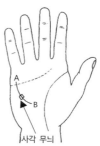

사각 무늬
내장 수술을 하는 상

폐결핵을 주의해야 하는 상

건강선(A, B)이 사슬 모양으로 되어 있으면 폐결핵에 걸릴 확률이 높다. 오염된 공기 등 주위 환경을 잘 살펴보고 애연가라면 당장 금연을 실천하면서 기관지와 폐 건강에 관심을 쏟아야 한다.

이와 같은 사람은 흔히 손톱이 숟가락을 뒤집어 놓은 것과 같은 긴 계란형의 모양을 하고 있다.

폐결핵을 주의해야 하는 상

위장병에 걸리는 상

월구의 조금 위에 가로선(A, B)이 나타나 있는 경우가 있다. 이러한 선도 일종의 건강선으로 판단한다.

음식 섭취를 거의 안 하거나 불규칙하게 섭취하는 등과 같은 원인에서 비롯된 위장병을 표시한다.

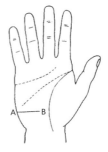

위장병에 걸리는 상

질병에 걸려 있는 상

섬 무늬

건강선(A, B)에 섬 무늬가 나타나 있는 것은 어떤 질병에 걸려 있다는 것을 표시하는 것이다.

섬 무늬는 건강선의 어느 부분에 나타나 있어도 병에 걸린 것을 나타낸다. 그리고 그 섬 무늬가 클수록 중병임을 암시한다.

건강선 아래쪽의 섬 무늬는 신장 또는 방광의 질환을 예고하는 표시이다.

건강선은 생명선이 보여주는 자연적 수명에 질병 등의 좋지 않은 변화가 생기는 것을 사전에 경고한다. 이 경고를 무시하다가 결국에는 때를 놓쳐 후회하는 일이 없도록 주의해야 할 것이다.

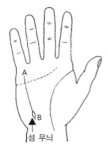

섬 무늬

질병에 걸려 있는 상

한 번 보고 사람을 아는 관상 · 수상법

1판 1쇄 인쇄 | 2022. 1. 5.
1판 1쇄 발행 | 2022. 1. 10.

엮은이 | 우리관상연구회
펴낸이 | 윤옥임

펴낸곳 | 브라운힐
서울시 마포구 신수동 219번지
대표전화 (02)713-6523, 팩스 (02)3272-9702
등록 제 10-2428호
ⓒ 2022 by Brown Hill Publishing Co. 2022, Printed in Korea

ISBN 979-11-5825-108-6 03180

☞ 잘못 만들어진 책은 바꾸어 드립니다.